AF341938

MEMORANDUM

DU

SIÈGE DE PARIS

1870-1871

PAR

JULES DE MARTHOLD

CARTES PAR J. A. DUFOUR

PARIS, CHARAVAY FRÈRES, ÉDITEURS

4, Rue de Furstenberg, 4

1884

MEMORANDUM

DU

SIÈGE DE PARIS

1870-1871

MEMORANDUM

DU

SIÈGE DE PARIS

1870-1871

PAR

JULES DE MARTHOLD

CARTES PAR J. A. DUFOUR

PARIS, CHARAVAY FRÈRES, ÉDITEURS

4, Rue de Furstenberg, 4

1884

I

AVANT

JUIN

Le ministère du 2 janvier 1870, dit des Honnêtes-Gens, étant composé de MM. Émile Ollivier, garde des sceaux, à la Justice et aux Cultes, comte Napoléon Daru aux Affaires étrangères, Chevandier de Valdrôme à l'Intérieur, Buffet aux Finances, général Le Bœuf à la Guerre, amiral Rigault de Genouilly à la Marine et Colonies, Segris à l'Instruction publique, Talhouet aux Travaux publics, Louvel à l'Agriculture et Commerce, maréchal Vaillant à la Maison de l'Empereur, Maurice Richard aux Beaux-Arts (nouvelle création), de Parieu à la présidence du Conseil d'État, le jeudi 9 juin, M. Mony, député de l'Allier, appartenant à la majorité, demande au gouvernement de s'expliquer sur l'entente venant de s'établir entre l'Italie, la Suisse, le grand-duché de Bade et la confédération du Nord pour la construction du chemin de fer du Saint-Gothard, tunnel reliant l'Allemagne à l'Italie, ligne politique, ligne stratégique devant mettre Florence à quelques heures de Berlin, question qui, depuis huit mois, occupe les chancelleries.

Le 15 octobre 1869, en effet, un traité avait été passé entre l'Italie et la Suisse, convention à laquelle la Prusse s'était empressée d'adhérer, à la condition que la ligne passerait par le Saint-Gothard au lieu de passer par le Splugen, chemin qui, traversant pendant quelques lieues le territoire autrichien, était moins favorable.

Cette interpellation devait être le premier éclair de la guerre.

Le lendemain, au cours d'une orageuse séance, M. de Gramont fixe au lundi 20, c'est-à-dire à onze jours, la discussion sur cette interpellation.

Ce jour venu, M. Mony, après avoir indiqué, sans néanmoins le souligner, tout le côté politique de l'affaire du Simplon, très habile, ajoute que la France n'a de raison de s'en préoccuper qu'au point de vue purement commercial.

Seul en ce grave débat et malgré un rappel à l'ordre, M. Jules Ferry se montre éloquemment Français et logique, se résumant ainsi :

« Si les paroles de M. de Bismarck au Reischtag
« n'ont pas ouvert les yeux de la majorité, c'est qu'elle
« est bien toujours la majorité aveugle qui a laissé faire
« Sadowa, c'est-à-dire un mal irréparable. »

M. de Gramont répond sans répondre et la Chambre, sensiblement influencée par son président, M. Schneider, demande la clôture et l'obtient.

Et l'affaire en reste là !

Le dimanche 26, une fausse dépêche, soi-disant de Constantinople en date du 25, assure, d'après le journal grec *Nèologos*, que le prince de Roumanie a été assassiné. Cette nouvelle, démentie par la Prusse, produit une panique en Bourse.

Le prince dont il est question, Charles de Hohenzollern, né le 20 août 1839, avait 27 ans et était commandant dans la Garde prussienne lorsqu'en vertu d'un plébiscite du 20 avril 1866, il avait été élu, sous le nom de Charles Ier, à la succession du prince Couza renversé.

Le mardi 28, Armand Barbès meurt à La Haye.

—

JUILLET

Le samedi 2, dans une séance où deux dynasties se trouvent pour la première fois en présence depuis 1848, les princes d'Orléans ayant pétitionné pour obtenir de rentrer en France, sur 205 députés votants, 174 se prononcent pour le rejet de la supplique, 31 seulement contre la loi de proscription. Le 14 juin 1847, sur la demande de l'ancien roi de Wesphalie, Jérôme, Louis-Philippe avait autorisé la famille Bonaparte à rentrer en France.

Le dimanche 3, un télégramme de *La Epoca* de Madrid annonce l'offre faite par le maréchal Prim de la couronne d'Espagne à un prince du Nord qui accepte.

Il s'agit de Léopold de Hohenzollern-Sigmaringen, né le 22 septembre 1835, fils de Charles-Antoine Joa-

chim et petit-fils d'Antoinette-Marie, née Murat, marié
depuis 1861 à la princesse Antonia, sœur du roi de
Portugal, major du 1ᵉʳ régiment d'infanterie de la
Garde prussienne.

Le mardi 5, les députés Cochery, Carré-Kerisoüet,
Jules Le Cesne, baron d'Yvoire, Tassin, Henri Baboin,
comte d'Heseignes, Riondel, Genton et Planat, dé-
posent une demande d'interpellation sur la candidature
éventuelle d'un prince de la famille royale de Prusse
au trône d'Espagne.

Le jeudi 6, M. de Gramont donne lecture de la déclaration officielle du gouvernement à ce sujet, morceau
vague laissant trop voir que les questions dynastiques,
seules, troublent la paix de l'Europe.

M. Émile Ollivier affiche une attitude très belli-
queuse.

M. de Werther, ayant quitté Paris sur l'ordre de son
roi pour se rendre auprès de lui, à Ems le 10, le *Journal
Officiel* de l'Empire français publie la nouvelle suivante :

Berlin, 7 juillet. — On mande d'Ems, 6 juillet, à la
Gazette de la Croix :

Le roi de Prusse a donné aujourd'hui une longue
audience à M. le baron de Werther, ambassadeur de
Prusse à Paris, après quoi il l'a invité à sa table.

Au nom du gouvernement, le mercredi 13, M. de
Gramont informe la Chambre : « Qu'au sujet de l'affaire
« Hohenzollern, l'ambassade d'Espagne nous a officiel-
« lement annoncé, la veille, la renonciation du prince
« Léopold de Hohenzollern à sa candidature au trône
« d'Espagne. »

Le ministre ajoute que : « Les négociations, que nous « poursuivons avec la Prusse, et qui n'ont jamais eu « d'autre objet, ne sont pas encore terminées. »

La vérité est que le seul télégramme du gouvernement prussien à nous envoyé par le ministère des Affaires étrangères de Berlin affirme le refus du roi de recevoir de nouveau M. Benedetti, l'ambassadeur français, auquel il a fait dire, par son aide de camp de service, « qu'il n'avait plus rien à lui communiquer. »

La vérité est que, pendant que ces négociations se poursuivent, d'importants mouvements de troupes sont ordonnés et effectués de l'autre côté du Rhin.

Le vendredi 15, demande d'ouverture d'un crédit de 50 millions applicables au ministère de la Marine. Orageuse et mémorable séance où seuls, Thiers, Jules Favre, Gambetta, Glais-Bizoin, Ernest Picard, H. de Choiseul et Grévy opposent la voix de la raison et du patriotisme aux tempêtes d'un délire de commande. On se sépare à minuit après avoir adopté le crédit par 245 voix contre 10.

Le samedi 16, la majorité vote l'urgence demandée par MM. Picard et Latour-du-Moulin sur le projet de loi de réorganisation des gardes nationales.

Le mardi 19, déclaration officielle de la guerre.

L'armée française, 300 à 370,000 hommes au plus, est ainsi commandée :

Général en chef : — l'EMPEREUR.

Major général de l'armée : — Général LE BŒUF.

Aides-majors généraux : Généraux LEBRUN et JARRAS.

Commandant en chef de l'artillerie : — Général SOLEILLE.

Commandant en chef du Génie : — Général COFFI-
NIÈRES DE NORDECK.

Commandant du 1ᵉʳcorps :—Maréchal de MAC-MAHON.

Du 2ᵉ corps : — Général FROSSARD.

Du 3ᵉ corps : — Maréchal BAZAINE.

Du 4ᵉ corps : — Général LADMIRAULT.

Du 5ᵉ corps : — Général DE FAILLY.

Du 6ᵉ corps : — Maréchal CANROBERT.

Du 7ᵉ corps : — Général Félix DOUAY.

Du 8ᵉ corps : — *Garde impériale et réserve :* général
BOURBAKI.

Commandant de la flotte du Nord : — Vice-amiral
BOUET-VILLAUMEZ.

· *Armée du Midi :* — Général TROCHU.

L'armée fédérale est ainsi répartie et commandée :

La *Garde royale,* à Berlin, par le prince Auguste de
WURTEMBERG.

Le 1ᵉʳ *corps,* à Kœnisberg, par le gʳᵃˡ de MENTEUFFEL.

— 2ᵉ *corps,* à Berlin,   —   de FANZECK.

— 3ᵉ *corps,*   —   —   de ALVENSLEBEN II.

— 4ᵉ *corps,* à Magdebourg, —   de ALVENSLEBEN Iᵉʳ.

— 5ᵉ *corps,* à Posen,   —   de KIRCHBACH.

— 6ᵉ *corps,* à Breslau,   —   de TUMPLING.

— 7ᵉ *corps,* à Munster,   —   de ZASTROW.

— 8ᵉ *corps,* à Coblentz,   —   de GŒBEN.

— 9ᵉ *corps,* à Schleswig,   —   de MENTEINE.

—10ᵉ *corps,* à Hanovre,   —   de VOIGT-RHETZ.

—11ᵉ *corps,* à Cassel,   —   de BOSC.

—12ᵉ *corps,* à Dresde, par le prince royal de SAXE.

On évalue cette armée à environ 900,000 hommes,

avec 178.000 chevaux, se décomposant en 114 régiments d'infanterie et 16 bataillons de chasseurs à pied, 74 régiments de cavalerie, 13 régiments d'artillerie.

540,000 hommes composent l'armée de campagne ; 188,000, l'armée de remplacement ; 175,000, l'armée de défense.

La première armée de 61,000 hommes, est commandée par le général de Steinmetz, la deuxième, de 206,000 hommes (centre), par le prince royal, plus la division Wurtembergeoise, commandée par le général de Hernitz, soit 447,000 hommes. Ces armées sont accompagnées par 1,194 bouches à feu.

Le mercredi 20, première audience de la Haute-Cour de justice de Blois. Complot contre la vie de l'Empereur. Attentat contre la sûreté de l'Etat. Homicide et tentative d'homicide. 55 accusés. Présidence de M. Zangiacomi. L'affaire se terminera le 8 août, condamnant : Mégy à 20 ans de travaux forcés, Beaury à 20 ans de détention, Dupont, Fontaine, Sappia, Guérin, à 15 ans de détention, Petiau, Tony Moilin, Godinot, Pelerin, à 5 ans de prison, Grenier, Greffier, à 15 ans de détention, Letouzé, Lerenard, à 5 ans de la même peine, Ballot, Gromier à 5 ans de prison, Dereure à 3 ans. Dans l'audience du lendemain 9, Tridon sera condamné à la déportation et Félix Pyat à 5 ans de prison et 6,000 francs d'amende pour le « toast à la balle. »

Le jeudi 21, clôture des sessions du Corps législatif et du Sénat.

Au cours d'une représentation de *La Muette,* on chante pour la première fois la *Marseillaise* à l'Opéra.

On apprend le suicide de Prévost-Paradol, de l'Académie Française, ministre de l'Empereur, à Washington.

Le dimanche 24, le ministre de la guerre prescrit de commencer la mise en état de défense et l'armement de l'enceinte fortifiée de Paris et des forts extérieurs.

Le mardi 26, l'Empereur, se mettant à la tête de l'armée, confère la régence à l'Impératrice.

Décret mettant en Etat de siège les départements de la Moselle, du Haut et du Bas-Rhin.

Les 90,000 hommes de la classe 1869 sont appelés à l'activité.

M. Émile Ollivier ordonne des prières publiques.

Le jeudi 28, l'Empereur et le Prince impérial partent, le matin à 10 heures, du palais de Saint-Cloud pour Metz où ils arrivent à 7 heures.

PROCLAMATION DE L'EMPEREUR A L'ARMÉE

Soldats !

Je viens me mettre à votre tête pour défendre l'honneur et le sol de la Patrie.

Vous allez combattre une des meilleures armées de l'Europe ; mais d'autres, qui valaient autant qu'elle, n'ont pu résister à votre bravoure. Il en sera de même aujourd'hui.

La guerre qui commence sera longue et pénible, car elle aura pour théâtre des lieux hérissés d'obstacles et de forteresses ; mais rien n'est au-dessus des efforts persévérants des soldats d'Afrique, de Crimée, de Chine, d'Italie et du Mexique. Vous prouverez une fois de plus ce que peut une armée française animée du sentiment du devoir, maintenue par la discipline, enflammée par l'amour de la Patrie.

Quel que soit le chemin que nous prenions hors de nos frontières, nous y trouverons les traces glorieuses de nos pères. Nous nous montrerons dignes d'eux.

La France entière vous suit de ses vœux ardents, et l'univers a les yeux sur vous. De nos succès dépend le sort de la liberté et de la civilisation.

Soldats, que chacun fasse son devoir, et le Dieu des armées sera avec nous !

NAPOLÉON.

Au quartier Impérial de Metz, le 28 juillet 1870.

Les Badois font sauter la partie du pont de Kehl se trouvant sur leur territoire.

Le vendredi 29, l'Empereur prend le commandement en chef de l'armée du Rhin.

—

AOUT

Le mardi 2 août, de 10 heures du matin à 1 heure après midi, premier engagement sérieux entre les deux armées.

Les troupes françaises, de la division de Failly, commandées par le général Frossard, avec 23 pièces d'artillerie, parmi lesquelles les mitrailleuses qu'on emploie pour la première fois, enlèvent les hauteurs qui dominent Sarrebruck occupé par un petit détachement composé d'un bataillon du 40° d'infanterie et trois escadrons de cavalerie.

Les Prussiens perdent 2 officiers et 70 hommes. Les Français ont 6 hommes tués dont 2 officiers, et soixante-sept blessés.

A 4 heures du soir, l'Empereur et le Prince impérial, qui ont assisté à ce combat, rentrent à Metz.

Le mercredi 13, à la Comédie-Française, reprise d'*Une Fête de Néron*. Entre deux actes de la tragédie de Belmontet, la *Marseillaise* est chantée par toute la salle.

Le jeudi 4, à 9 heures du matin, les 9,000 hommes de la division Abel Douay, s'apprêtant tranquillement à faire la soupe, sont surpris par forte partie de l'armée du prince royal et écrasés malgré une héroïque résistance de un contre cinq. Le général Douay tombe frappé à mort. Le général Pellé ordonne et dirige la retraite.

Les Prussiens s'emparent de Wissembourg (Bas-Rhin). La première de nos défaites leur livre l'entrée de l'Alsace.

Le vendredi 5, vers une heure, une nouvelle se répand dans Paris : Le maréchal Mac-Mahon aurait remporté une éclatante victoire, fait 40,000 prisonniers parmi lesquels le prince Frédéric-Charles et pris des drapeaux, des canons, des munitions de toute sorte. En un instant la ville, enfièvrée d'enthousiasme, est pavoisée ; on chante la *Marseillaise* sur toutes les places, à tous les coins de rue. Illusion de courte durée. On sait bientôt à quoi s'en tenir. La nouvelle, lancée en Bourse par quelque cynique spéculateur, est fausse. Les transactions financières de la journée sont annulées mais les esprits, violemment éprouvés, sont pour longtemps énervés.

Le samedi 6, à Wœrth-sur-Sauer, près Frœschviller et Reischoffen (Bas-Rhin), Mac-Mahon, avec les divisions Ducrot, Pellé (remplaçant Douay), Raoult, Lartigue, Duchesne, Bonnemain, du 1er corps, puis Conseil-Dumesnil du 7e corps, engage le combat contre l'armée du prince royal, 5e, 2e et 11e corps.

Tout le jour, 38,000 Français luttent contre 90,000 Allemands. Après des efforts inouis, voyant la bataille perdue, Mac-Mahon, pour permettre à l'armée de repasser la Sauer, ordonne, à travers le village de Morsbrünn d'où on les tuait à bout portant des fenêtres, cette charge des 8e et 9e cuirassiers, dits de Reischoffen, commandés par le général Michel et dont la consigne fut de mourir longtemps.

Les Allemands ont 8,000 morts.

Le général Raoult est tué et nous livrons 6,000 prisonniers, 2 drapeaux, 6 mitrailleuses, 35 bouches à feu et 42 voitures.

L'Alsace est perdue pour la France.

Le même jour, à la même heure, les généraux Frossart et de Failly sont écrasés à Forbach (Moselle), par l'armée de Steinmetz ; le général de Failly disparait dans la déroute et le général Bataille doit se charger de diriger la retraite sous un clair de lune éclatant.

La Lorraine est perdue pour la France.

Dans la nuit du 6 au 7, l'Impératrice quitte Saint-Cloud pour rentrer aux Tuileries.

Le dimanche 7, on affiche la proclamation suivante :

Metz, minuit et demi.

Français !

A Frœschviller près Reischoffen, le maréchal Mac-Mahon a perdu une bataille, sur la Sarre. Le général Frossard a été obligé de se retirer ; cette retraite s'opère en bon ordre : tout peut se rétablir.

Napoléon.

L'Impératrice-Régente convoque le Sénat et le Corps-Législatif, d'abord pour le 11 puis, dans la même journée, en raison de la précipitation des évènements, pour le surlendemain 9 août.

PROCLAMATION

Le début de la guerre ne nous est pas favorable : nous avons subi un échec. Soyons fermes dans ce revers et hâtons-nous de le réparer.

Qu'il n'y ait parmi nous qu'un seul parti, celui de la France, qu'un seul drapeau, celui de l'honneur national.

Je viens au milieu de vous. Fidèle à ma mission et à mon devoir, vous me verrez la première au danger pour défendre le drapeau de la France.

J'adjure tous les bons citoyens de maintenir l'ordre. Le troubler serait conspirer avec nos ennemis.

Fait au Palais des Tuileries, le 7 août 1870.

Eugénie.

Le département de la Seine est déclaré en état de siège.

Le lundi 8, place de l'Hôtel-de-Ville, allocution de Jules Favre aux officiers de la garde nationale.

A Notre-Dame-de-Lorette, funérailles de Prévost-Paradol, dont le corps a été rapporté d'Amérique.

Le mardi 19, décret de l'Empereur nommant le maréchal Bazaine commandant en chef des 2ᵉ, 3ᵉ et 4ᵉ corps et le général Decaen commandant du 3ᵉ.

Ouverture de la session extraordinaire au Sénat et au Corps-Législatif.

Commencement de l'investissement de Strasbourg.

Strasbourg, quartier-général de Mac-Mahon, que M. de Bismarck à appelé « *La clé de ma maison* », est cerné par la division Badoise du commandant Beyer.

Commandée par le général Uhrich, avec le colonel Sabatier, le lieutenant-colonel Maritz et le commandant Ducrot, tué le 30 septembre, au génie, le général Barral a l'artillerie, la place compte une garnison d'environ 17,000 hommes de toute provenance, plus 3,600 gardes nationaux sédentaires ayant 1,000 à 1,200 bouches à feu dont, faute de troupe spéciale, on ne peut utiliser què 87 canons et 32 mortiers. Rien n'est prêt au rempart. Les faubourgs sont abandonnés.

Le mercredi 10, un nouveau ministère est formé :

Guerre.. Palikao.
Intérieur..................................... Chevreau.
Finances..................................... Magne.
Garde des Sceaux...................... Grandperret.
Affaires Etrangères................. Rigault de Genouilly.
Instruction publique................ Jules Brame.
Travaux publics......................... Jérôme David.
Agriculture et Commerce......... Clément Duvernois.
*Ministre président le Conseil
d'État* .... Busson-Billault.

Investissement de Phalsbourg (Meurthe). La place, dont l'artillerie commande la route de Saverne à Sarrebourg, commandée par le lieutenant-colonel Taillant avec les chefs de bataillon Durbour et Villatte et les capitaines Desmares, Thomas Dejean et Geoffroy, compte seulement 1,252 hommes de garnison, plus les francs-tireurs Malaret et les éclaireurs-forestiers de l'Adconwald et environ 200 trainards avec 65 bouches à feu et 2,778,000 cartouches.

Sous un bombardement sans répit, qui anéantit la ville, la garnison fera cependant nombre d'heureuses sorties et ne se rendra qu'à la dernière extrémité, faute de vivres, après dix-sept semaines de siège, le 12 décembre.

Le jeudi 11, rapport de Mac-Mahon sur la défaite de Wissembourg, Frœschviller et Reischoffen.

Le vendredi 12, décret nommant Trochu général commandant en chef du 12e corps en voie de formation à Châlons-sur-Marne, et Vinoy commandant du 13e corps en formation à Paris.

Décret rétablissant la Garde nationale dans tous les départements.

Gambetta dépose à la Chambre une pétition sur la nécessité d'armer promptement Paris.

Les Prussiens s'emparent de Nancy.

Les communications avec Strasbourg sont interrompues.

Le samedi 13, constitution définitive de l'Ambulance de la Presse française, inscrite sous le n° 2 de la Société internationale. Le chirurgien en chef est le docteur Sée, secondé des docteurs Mahot, Pomier, Ruck, Villeneuve.

Le dimanche 14, du point du jour à 9 heures du soir, combat de Borny (Moselle), Colombey-Nouilly selon les Allemands.

60,000 Français des 2ᵉ corps, Frossart; 6ᵉ corps, Canrobert; 4ᵉ corps, Ladmirault, les divisions Lorencez et de Cissey sur la rive droite de la Moselle, le corps Decaen, la Garde impériale et les divisions Montaudon, Metman, Castagny et Aymard sur la rive gauche, sont engagés contre les 1ᵉʳ corps Manteuffel; 7ᵉ corps, Zastrow; 8ᵉ corps, de Gœben, et quelques régiments du 9ᵉ corps, Mansteine.

Par un coup d'audace heureux, le général de Goltz, du 8ᵉ corps, permet au prince Fréderic-Charles de franchir la Moselle, ce qui coupe toute communication entre la France et Metz, et retarde de plus de douze heures la retraite de l'armée française.

Dès le matin, mortellement blessé d'une balle dans le genou, le général Decaen combat avec acharnement jusqu'au soir.

Nos pertes sont de 200 officiers et de 3,408 hommes. Celles des Prussiens de 222 officiers et de 4,684 hommes.

La journée, insuccès de combat pour les Prussiens, leur apporte de grands avantages stratégiques.

Devant Strasbourg, le général Werder remplace le commandant Beyer. Le général Uhrich fait une sortie. Commencement du bombardement de la ville proprement dite, pour ainsi dire écrasée à bout portant.

Attaque de la caserne de sapeurs-pompiers de la Villette.

Le lundi 15, *l'Officiel* contient la lettre suivante, écrite la veille.

Longueville, 10 h. 10 m. soir.

L'Empereur à l'Impératrice,

L'armée a commencé à passer sur la rive gauche de la Moselle.

Le matin, nos reconnaissances n'avaient signalé la présence d'aucun corps, mais lorsque la moitié de l'armée a eu passé, les Prussiens ont attaqué en grande force.

Après une lutte de quatre heures, ils ont été repoussés avec de grandes pertes.

Napoléon.

A la Comédie-Française, on donne *le Misanthrope* et *l'Avare*. Entre les deux chef-d'œuvres, Mlle Agar dit *la Marseillaise*.

Le mardi 16, au matin, à Gravelotte-Rezonville, la brigade de cavalerie de Forton est surprise, près de Vionville, au moment où les chevaux sont à l'abreuvoir.

Bazaine sauve l'armée en ordonnant au général de Preuil de charger avec son régiment de cuirassiers de la Garde. Partis 700, ils reviennent moins de 250 mais ayant décimé le 3° corps prussien et presqu'anéanti la cavalerie allemande.

La mêlée est indescriptible ; le général Bataille est blessé et Bazaine, un instant entouré, met l'épée à la main et combat de sa personne pour n'être pas fait prisonnier.

La cavalerie Forton prend brillamment le soir sa revanche du matin.

A 4 heures, l'armée du prince Frédéric-Charles arrive par Mars-la-Tour.

Le 16ᵉ régiment prussien est réduit de 3,000 hommes à 160 par la division Cissey qui écrase ensuite les dragons de la Garde royale en les fusillant imperturbablement à bout portant après les avoir laissé pénétrer dans ses rangs.

La cavalerie Valabrègue se distingue également.

Les Prussiens perdent 17,000 hommes, nous à peu près autant, un peu moins. Nous avons eu 120,000 hommes engagés, les Allemands en ont mis plus de 180,000 en ligne.

Au lieu de profiter de la victoire en se lançant sur la route de Verdun pour joindre Mac-Mahon, Bazaine rétrograde vers Metz, laissant passer l'ennemi entre son armée et celle de Mac-Mahon.

Vers midi, l'Empereur quitte l'armée de Bazaine pour se rendre à Châlons.

À Strasbourg, forte reconnaissance où sont engagés 1,500 Français et où le colonel Fiévet est blessé.

Toul repousse un assaut.

Le mercredi 17, à 5 heures du matin, l'Empereur arrive à Châlons. Il y est reçu par Trochu, désigné au commandement du 12ᵉ corps, en formation.

A 9 heures, arrive Mac-Mahon avec les débris du 1ᵉʳ corps, battant en retraite depuis le 6.

Décret nommant Trochu gouverneur militaire des forces réunies sous Paris.

Décret autorisant la ville de Paris à prélever une somme de 5 millions sur son budget.

Le jeudi 18, défense des lignes d'Amanvillers sous

Metz par Bazaine. La bataille de Saint-Privat, Mars-La-Tour selon les Prussiens, nous coûte 12,000 hommes, dont 589 officiers et plusieurs généraux.

Trochu rentre à Paris et adresse une proclamation aux habitants.

A Strasbourg, le bombardement de la ville s'accentuant de plus en plus, le général Uhrich tourne son artillerie sur Kehl et l'anéantit.

Le vendredi 19, décret autorisant un emprunt national de 750 millions.

La souscription, ouverte le 23, est close le 24.

Souscription de Paris.. 565.566.000
    «   des départements...... .... 187.741.000

                                Total :   753.307.000

Création d'une Quatrième armée allemande commandée par le prince royal de Saxe, dite *Armée de la Meuse* et devant opérer sur Châlons et Paris conjointement avec la 3ᵉ armée.

De Failly arrive à Châlons avec le 5ᵉ corps.

Le samedi 20, Mac-Mahon évacue Châlons, marchant sur Reims.

La 3ᵉ armée allemande traverse le Rhin.

Le dimanche 21, le général Werder somme inutilement Strasbourg de se rendre.

Le lundi 22, les 7ᵉ corps, Félix Douay et 12ᵉ corps, Lebrun, arrivent à Châlons; 150,000 hommes environ s'y trouvent réunis.

Dans l'après-midi, levée du camp de Châlons que nous incendions.

Du 23 au 24, l'artillerie de Kehl incendie la bibliothèque de Strasbourg.

Le mercredi 24, proclamation de Trochu aux Gardes nationales de Paris.

Arrêté relatif aux « bouches inutiles. »

Les Prussiens occupent Châlons et Bar-le-Duc.

Le jeudi, 25, MM. Béhic, général Mellinet, comte Daru, Dupuy de Lôme, marquis de Talhouët et, le lendemain, M. Thiers, sont nommés membres du Comité de défense des fortifications de Paris.

La citadelle de Strasbourg, effondrée, doit être abandonnée. Vaine tentative de l'évêque auprès des Prussiens. Huit cents familles sont sans abri et sans pain. Dans la nuit, le bombardement redouble. La ville entière est en flammes.

Le vendredi 26, la Belgique et le Luxembourg, en raison des devoirs de la neutralité, décident que les blessés, Prussiens ou Français, ne traverseront pas leur territoire.

Phalsbourg se défend héroïquement.

A Strasbourg, le matin, vaine sommation de se rendre.

Le samedi 27, le Gouverneur de Paris ordonne la démolition des maisons et couverts de toute nature qui sont aux abords de la fortification et gênent la défense.

On mine la Tour Malakoff, cabaret près de Vanves, pour la faire sauter afin qu'elle ne serve pas de point de mire. Le haut de la construction vermoulue s'ébranle, les quatre étages supérieurs sont soulevés de quelques lignes mais retombent d'aplomb sur le dé du rez-de-chaussée. La Tour Malakoff résiste aux Français ! Il faut brûler la cervelle au vieux soldat qui ne veut pas se rendre; force est d'incendier la guinguette populaire.

Les Prussiens sont à Epernay.

Le dimanche 28, arrêté de Trochu portant que : tout individu non naturalisé français et appartenant à l'un des pays actuellement en guerre avec la France est tenu de quitter Paris et le département de la Seine dans un délai de trois jours et de sortir de France ou de se retirer dans un des départements situés au-delà de la Loire.

L'approvisionnement de Paris est activement poussé; 3oo,ooo quintaux de farine alimenteront les 1,25o boulangeries de la capitale ; 1oo,ooo bœufs et d'autres bestiaux sont parqués un peu partout.

Les Prussiens commencent des tranchées autour de Strasbourg.

Le lundi 29, circulaire de M. J. Ferrand, préfet de l'Aisne, faisant appel au patriotisme de tous pour combattre l'ennemi à outrance.

Le mardi 3o, à Beaumont, vers midi, le corps de Failly est surpris au moment où les hommes font la soupe et nettoyent leurs armes démontées. Assaillis par 35,ooo hommes et écrasés par une formidable artillerie, ils prennent la fuite, quittant l'excellente position de Mouzon pour se réfugier à Sédan, abandonnant tentes, bagages, approvisionnements, 19 canons et 8 mitrailleuses. 3,ooo Français sont faits prisonniers, 1,8oo sont tués. Les Prussiens ont 3,ooo morts. La retraite, débandade, est conduite par le général de Wimpffen qui reçoit l'ordre de prendre le commandement du 5ᵉ corps.

A 11 heures du soir, Napoléon arrive à Sedan où l'armée française est concentrée, tant dans la ville qu'aux environs.

Le mercredi 31, dernière proclamation de Napoléon aux troupes.

Bataille de Sainte-Barbe sous Metz, par Bazaine (1re journée.)

Le comte Xavier Branicki donne 500,000 francs destinés au soulagement des blessés français.

—

SEPTEMBRE

Le jeudi 1er, l'effectif de nos troupes à Sedan n'étant plus que de 77,000 hommes contre 200,000 Prussiens, l'action s'engage, à 4 heures du matin, au milieu d'un épais brouillard, au village de Bazeilles où se trouve la brigade de marine des Pallières, puis à Givonne avec les généraux Reboul, Grandchamp et Lacretelle. Vers 7 heures du matin Mac-Mahon, blessé, est transporté à Sedan. Le maréchal transmet le commandement à Ducrot en même temps que le Ministre de la guerre le transmet à de Wimpffen. Dès lors, la journée, privée d'une direction unique et les deux généraux ayant des plans diamétralement opposés, chaque commandant de corps, laissé à lui-même, est contraint d'agir au hasard de la fortune. L'armée française, affrontant 5 kilomètres d'artillerie, est littéralement écrasée, anéantie, détruite. Le général Margueritte est mortellement frappé. Protégés par les héroïques charges des cuirassiers conduites par Galiffet, les débris de nos troupes se réfugient dans la ville ou sous ses murs.

Vers une heure, l'Empereur fait hisser le drapeau blanc sur divers points de la ville puis, ensuite, envoie en parlementaire le général de Wimpffen chargé de demander un armistice. De Moltke et Bismarck exigent une capitulation pure et simple, menaçant de bombarder Sedan jusqu'à entière destruction si l'on ne se soumet.

Le lendemain, le protocole de capitulation, très dur, est signé par MM. de Moltke et de Wimpffen, lequel, séparant son sort de celui de ses soldats, accepte de signer le *revers* et s'en va à Stuttgard où il a de la famille.

25,000 Français sont tués, 21,000 sont faits prisonniers au cours de la bataille et 83,000, dont 14,000 blessés, par suite de la capitulation. Mac-Mahon est du nombre avec 40 généraux, 230 officiers supérieurs et 2,866 officiers. Nous livrons 184 pièces de place, 350 pièces de campagne, 70 mitrailleuses et 12,000 chevaux.

Ce qui reste de paysans habitants de Bazeilles est massacré par ordre du général prussien Von der Tann.

N'ayant tiré l'épée que pour la rendre, Napoléon III livre Sedan.

Napoléon Ier, écrivant au général Berthier, le 30 août 1803, avait ainsi jugé cette place où naquit Turenne.

« Ne pourrait-on point démolir les fortifications de Sedan ? — Luxembourg le couvre, Mézières et Montmédy, avec quelques réparations, sont suffisants pour arrêter une avant-garde qui voudrait, par la droite ou la gauche, passer la Meuse et entrer en Champagne. D'ailleurs, on ne peut se dissimuler qu'il faudrait de millions pour réparer Sedan, que le système en est extrêmement vicieux et que, si l'ennemi était en mesure d'y arriver, ils s'en emparerait facilement. Nous perdrions une garnison, une artillerie nombreuse et cette prise ferait un très mauvais effet moral, par l'opinion d'avoir perdu une place depuis longtemps connue. »

Bataille de Sainte-Barbe sous Metz, par Bazaine (2ᵉ journée).

Le bombardement de Strasbourg augmente encore d'intensité.

Les Prussiens envahissent le département de l'Aube.

Cent mille gardes mobiles des départements sont appelés dans la capitale pour concourir à sa défense.

Mort du comte de Flahault de la Billarderie, Grand chancelier de la Légion d'honneur depuis le 23 janvier 1864.

Le vendredi 2, aucune dépêche du théâtre de la guerre ne parvient au ministère.

Paris est sans autres nouvelles que de vagues on-dit contradictoires.

A Strasbourg, nouvelle sortie où le colonel Fiévet, récemment blessé, est frappé à mort.

Le samedi 3, la nouvelle de la capitulation de Sedan et de la reddition de l'Empereur se répand dans Paris. Indignation universelle.

On demande la déchéance que Napoléon III vient de signer en rendant son épée. Toute la nuit, Paris enfiévré reste debout, parcouru par des bandes armées.

DIMANCHE 4 SEPTEMBRE

Le soleil se lève, radieux, éclatant.

En tête de l'*Officiel*, on lit la proclamation suivante, datée de la veille:

PROCLAMATION

DU CONSEIL DES MINISTRES AU PEUPLE FRANÇAIS

Français!

Un grand malheur frappe la patrie.

Après trois jours de luttes héroïques, soutenues par l'armée du maréchal de Mac-Mahon contre 300,000 ennemis, quarante mille hommes ont été faits prisonniers.

Le général Wimpffen qui avait pris le commandement de l'armée en remplacement du maréchal Mac-Mahon, grièvement blessé, a signé une capitulation.

Ce cruel revers n'ébranle pas notre courage.

Paris est aujourd'hui en état de défense.

Les forces militaires du pays s'organisent.

Avant peu de jours, une armée nouvelle sera sous les murs de Paris, une autre armée se forme sur les rives de la Loire.

Votre patriotisme, votre union, votre énergie sauveront la France.

L'Empereur a été fait prisonnier dans la lutte.

Le Gouvernement, d'accord avec les pouvoirs publics, prend toutes les mesures que comporte la gravité des évènements.

Le Conseil des ministres :

Comte de PALIKAO, N. CHEVREAU, amiral RIGAULT DE

GENOUILLY, JULES BRAME, prince de LA TOUR D'AU-
VERGNE, GRANDPERRET, CLÉMENT DUVERNOIS, MAGNE,
BUSSON-BILLAULT, JÉRÔME DAVID.

A deux heures et demie, tandis que les membres du
Corps Législatif délibèrent sur les mesures à prendre et
sur la question de formule de la déchéance, la Chambre
est envahie par la foule qui, depuis le matin, stationne
aux alentours du Palais Bourbon et sur la place de la
Concorde.

Gambetta, soutenu par M.Schneider, président de la
Chambre, exhorte la foule au calme, à l'ordre, à la
légalité. Leurs voix sont étouffées par le tumulte.

A trois heures et quelques minutes, force est aux
députés de se retirer devant le flot populaire.

Jules Favre, arrivant, évite un conflit sanglant en
entraînant la foule à l'Hôtel-de-Ville par les quais de
la rive droite.

En route, la colonne rencontre le général Trochu à
qui l'on apprend l'évènement de la journée. A quatre
heures, les manifestants débouchent sur la place de
Grève.

La révolution est dans tous les esprits, dans toutes
les âmes. Le cri de Vive la République! éclate, formidable, universel, pacifique.

Le Gouvernement annonce son avènement par les
proclamations suivantes :

Français !

Le peuple a devancé la Chambre, qui hésitait. Pour
sauver la patrie en danger, il a demandé la République

Il a mis ses représentants non au pouvoir mais au péril.

La République a vaincu l'invasion en 1792 : la République est proclamée.

La Révolution est faite au nom du droit, du salut public.

Citoyens, veillez sur la cité qui vous est confiée; demain, vous serez, avec l'armée, les vengeurs de la Patrie!

Emmanuel ARAGO.	GARNIER-PAGÈS.
CRÉMIEUX.	MAGNIN.
DORIAN.	ORDINAIRE.
Jules FAVRE.	A. TACHARD.
Jules FERRY.	E. PELLETAN.
GUYOT-MONTPAYROUX.	Ernest PICARD.
Léon GAMBETTA.	Jules SIMON.

Citoyens de Paris,

La République est proclamée.

Un gouvernement a été nommé d'acclamation.

Il se compose des citoyens :

Emmanuel ARAGO.	GLAIS-BIZOIN.
CRÉMIEUX.	PELLETAN.
Jules FAVRE.	PICARD.
Jules FERRY.	ROCHEFORT.
GAMBETTA.	JULES SIMON.
GARNIER-PAGÈS.	

Représentants du Peuple.

Le général Trochu est chargé des pleins pouvoirs militaires pour la Défense Nationale.

Il est appelé à la présidence du Gouvernement.

Le Gouvernement invite les citoyens au calme. Le peuple n'oubliera pas qu'il est en face de l'ennemi.

Le Gouvernement est, avant tout, un gouvernement de défense nationale.

LE GOUVERNEMENT DE LA DÉFENSE NATIONALE :

(Suivent les signatures.)

Le Gouvernement de la Défense Nationale a composé le Ministère comme suit :

Affaires Étrangères........................... Jules FAVRE.
Intérieur.. GAMBETTA.
Guerre.. Général LE FLÔ.
Marine... Amiral FOURICHON.
Justice... CRÉMIEUX.
Finances....................................... Ernest PICARD.
Instruction publique et cultes.......... Jules SIMON.
Travaux publics............................. DORIAN.
Agriculture et Commerce................ MAGNIN.

Le ministère de la présidence du Conseil d'État est supprimé.

M. Steenackers est nommé directeur des télégraphes.

M. Étienne Arago est nommé Maire de Paris.

MM. Floquet et Brisson sont ses adjoints.

A trois heures et demie, le Sénat, après avoir repoussé la proposition de déchéance, mais s'être agité sans rien décider, sans prendre aucun parti, se sépare en convenant de se réunir le lendemain « sans tenir compte des évènements extérieurs. »

C'est sa dernière séance.

Le Préfet de police Piétri adresse cette dépêche à l'Impératrice : « *On abat les aigles.* »

L'Impératrice, accompagnée du prince de Metternich, du chevalier Nigra et de Mme Lebreton, quitte les Tuileries par l'un des deux escaliers de la colonnade du Louvre donnant sur la place Saint-Germain-l'Auxerrois où elle trouve un fiacre.

Et le soir, l'Empire, tombé sans secousse, est remplacé par la République constituée sans violence et, dès le matin de la même journée, déjà proclamée par plusieurs villes de France ayant devancé la capitale.

Le lundi 5, le Gouvernement adresse la proclamation suivante :

A l'Armée,

Quand un général a compromis son commandement, on le lui enlève.

Quand un gouvernement a mis en péril, par ses fautes, le salut de la patrie, on le destitue.

C'est ce que la France vient de faire.

En abolissant la dynastie qui est responsable de nos malheurs, elle a accompli d'abord, à la face du monde, un grand acte de justice.

Elle a exécuté l'arrêt que toutes vos consciences avaient rendu.

Elle a fait en même temps un acte de salut.

Pour se sauver, la Nation avait besoin de ne plus relever que d'elle-même et de ne compter désormais que sur deux choses : sa résolution qui est invincible, votre héroïsme qui n'a pas d'égal et qui, au milieu de revers immérités, fait l'étonnement du monde.

Soldats! en acceptant le pouvoir dans la crise formidable que nous traversons, nous n'avons pas fait œuvre de parti.

Nous ne sommes pas au pouvoir mais au combat.

Nous ne sommes pas le Gouvernement d'un parti, nous sommes le Gouvernement de la défense nationale.

Nous n'avons qu'un but : le salut de la Patrie, par l'Armée et par la Nation groupées autour du glorieux symbole qui fit reculer l'Europe il y a quatre-vingts ans.

Aujourd'hui comme alors, le nom de République veut dire :

Union intime de l'Armée et du Peuple pour la défense de la Patrie !

(Suivent les signatures.)

Le Corps Législatif est dissous.
Le Sénat est aboli.

Sont nommés Maires provisoires des vingt arrondissements de Paris :

1. — TENAILLE-SALIGNY, avocat à la Cour de cassation.
2. — TIRARD, négociant.
3. — BONVALET, négociant.
4. — GREPPO, ancien représentant du peuple.
5. — J. B. BOCQUET, ancien adjoint.
6. — HÉRISSON, avocat à la Cour de cassation.
7. — RIBAUCOURT, docteur-médecin.
8. — CARNOT, ancien membre du gouvernement provisoire de 1848.
9. — RANC, homme de lettres.

10. — TURPIN, négociant (1).

11. — LÉONCE LIBERT, professeur (2).

12. — Alfred GRIVOT, négociant à Bercy.

13. — PERNOLET, ingénieur.

14. — LENEVEU, rédacteur du *Siècle*.

15. — CORBON, ancien représentant du peuple.

16. — Henri MARTIN, historien.

17. — François FAVRE, homme de lettres.

18. — CLÉMENCEAU, docteur-médecin.

19. — RICHARD, fabricant.

20. — BRALERET, commerçant.

M. Edmond Valentin est nommé préfet du Bas-Rhin ; M. Maurice Engelhard, maire de Strasbourg ; M. Jules Gros-Jean, préfet du Haut-Rhin.

Les fonctionnaires publics de l'ordre civil, administratif, militaire ou judiciaire sont déliés de leur serment.

Le serment politique est aboli.

Amnistie pleine et entière pour tous les condamnés pour crimes et délits politiques et pour délits de presse, depuis le 3 décembre 1852 jusqu'au 3 septembre 1870.

Mise immédiate en liberté de tous les condamnés.

L'impôt du timbre sur les journaux ou autres publications est aboli.

La fabrication, le commerce et la vente des armes sont absolument libres.

Le général Vinoy arrive à Laon, se repliant sur Paris.

(1) Pas accepté et remplacé par M. O'Reilly, ancien secrétaire général de la Préfecture de Police.
(2) Pas accepté et remplacé par M. Coffard.

Vaine attaque du fort de Bitche.

Bombardement de Montmédy.

Les Prussiens traversent le Rhin à Kembs.

A 9 heures du soir, Napoléon III, en grande tenue, la poitrine couverte de décorations, mais sans épée, arrive à Cassel, au même château de Wilhelmshohe où, sept années durant, Napoléon Ier avait passé la saison d'été.

N'ayant plus rien à craindre de Mac-Mahon, le roi de Prusse, avec toutes ses forces, prend, sans tarder, la route de Paris par Laon.

Le mardi 6, circulaire de Jules Favre aux agents diplomatiques de la France à l'Etranger.

La correspondance de la famille impériale est saisie à la frontière. Ces documents, appartenant à l'histoire, seront classés et publiés.

Le soir, par la gare du Nord, Victor Hugo rentre à Paris après dix-huit années d'exil, et toutes les prophéties des *Châtiments* étant accomplies. Il est acclamé par la foule qu'il remercie en quelques paroles émues et patriotiques.

Le mercredi 7, à 4 heures du soir, le général Vinoy arrive intact à Paris avec 13 trains d'artillerie, 11 trains de cavalerie, 14 trains d'infanterie. Le matériel de tout le chemin de fer du Nord, renforcé des matériels des autres compagnies, retourne immédiatement vers le nord, prendre le reste des troupes du général.

Le corps des Sergents de Ville, licencié, est remplacé par celui des Gardiens de la Paix publique.

L'arrondissement du Hâvre est en Etat de siège ; le comité de défense poursuit ses travaux avec la plus grande activité.

Le jeudi 8, M. Tamisier, ancien officier d'artillerie, est nommé commandant en chef des Gardes nationales de la Seine.

Décret convoquant les Collèges électoraux pour le 16 octobre à l'effet d'élire, au scrutin de liste, une Assemblée nationale législative de 750 membres.

Le Gouvernement informe la population que les approvisionnements sont suffisants pour assurer l'alimentation de deux millions d'habitants pendant *deux* mois.

Les Prussiens attaquent les fortifications de Strasbourg avec 138 pièces rayées et 52 mortiers.

Les Prussiens s'avancent sur Paris en trois corps d'armée. On les signale à Saint-Dizier et à Vitry.

Le vendredi 9, le général Uhrich, résolu à tenir quand même, fait connaître au Gouvernement la situation presque désespérée de Strasbourg.

La Chambre criminelle de la Cour de cassation est transférée à Tours.

La perception des droits d'entrée et d'octroi est *provisoirement* suspendue aux portes de Paris.

Élie Ducoudray est nommé maire du XIVᵉ arrondissement en remplacement de M. Leneveu empêché de continuer ses fonctions.

Les Prussiens sont à Montmirail, La Ferté-sous-Jouarre, Vailly-sur-Aisne.

Le samedi 10, lettre du général Trochu aux commandants des secteurs définissant leurs attributions en ce qui concerne les troupes de garde nationale sédentaire, de ligne et de douaniers dont ils disposent.

Les trente-cinq kilomètres de l'enceinte fortifiée de

Paris, formée de 94 bastions comptant 70 poudrières, 67 sur la rive droite, 27 sur la rive gauche, sont divisés en neuf secteurs dont chacun, selon la nécessité, compte plus ou moins de bastions, le sixième secteur, treize; le septième secteur, huit. Six secteurs sur la rive droite, bastions n° 1 à n° 67 : le premier secteur commence au quai de Bercy, le sixième finit au quai d'Auteuil. Trois secteurs sur la rive gauche; bastions n° 68 à n° 94 : le septième secteur commence au quai de Grenelle, le neuvième finit au quai de le Gare.

RIVE DROITE

Premier Secteur. — Bercy.

11 bastions, n°ˢ 1 à 11. — 4 kilomètres.

Du quai de Bercy à la route de Montreuil.

Portes *de Bercy, de Charenton, de Reuilly, de Picpus, de Saint-Mandé, de Vincennes* et *de Montreuil.*

Gares *de Lyon* et *de Vincennes.*

Quartiers *de Bercy, de Reuilly, du Trône.*

Commandants en chef :

Général de division Barolet de Puligny (Infanterie de marine).

Artillerie : Colonel Guirosmet de Massas.

Génie : Capitaine Porion.

Quartier-général : Rue Michel-Bizot, 26.

8 bataillons au début, 27 en octobre.

2ᵉ Secteur. — Belleville.

13 bastions, n°ˢ 12 à 24 — 4 kilomètres.

De la route de Montreuil à la route de Metz.

Portes *de Montreuil, de Bagnolet, de Ménilmontant, de Romainville, de Saint-Gervais, de Pantin.*

Quartiers *de Charonne, du Père-Lachaise, de Menil-montant, de Belleville, des Buttes-Chaumont.*

Commandants en chef :

Général de division Callier (Réserve).

Artillerie : Colonel Pierre.

Génie : Lieutenant-colonel Darodes.

Quartier-général : Rue Haxo, 79.

8 bataillons au début, 55 en octobre.

3ᵉ Secteur. — La Villette.

9 bastions, nᵒˢ 25 à 33. — 3 kilomètres.

De la route de Metz à la route de Saint-Denis.

Portes *de Pantin, du Canal de La Villette, d'Au-bervilliers.*

Gare *de l'Est.*

Quartiers *de La Villette, de la Chapelle.*

Commandants en chef :

5 Septembre. 1ᵒ. Général de Monfort.

19 Septembre. 2ᵒ. Général Clément Thomas. 3ᵒ. Vi-ce amiral Bosse.

Artillerie : Colonel de Beausire.

Génie : Lieutenant-colonel Karth.

Quartier-général : Rue d'Allemagne, Marché aux bestiaux.

8 bataillons au début, 27 en octobre.

4ᵉ Secteur. — Montmartre.

12 bastions, nᵒˢ 34 à 45. — La pièce de longue portée, fameuse sous le nom de *Joséphine,* était placée au bastion nᵒ 41. — 4 kilomètres.

De la route de Saint-Denis à la Porte d'Asnières.

Portes *de la Chapelle, de Clignancourt, de Mont-martre, de Saint-Ouen, de Clichy, d'Asnières.*

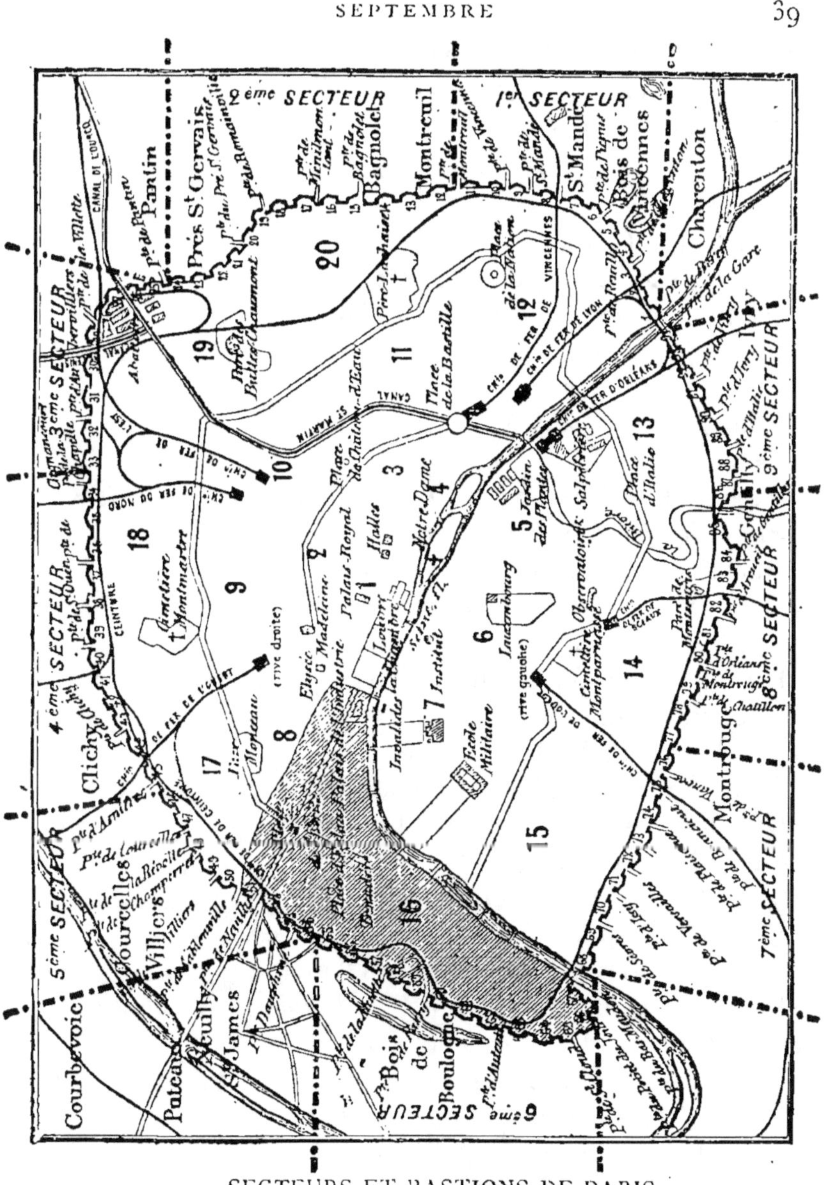

SECTEURS ET BASTIONS DE PARIS

Le XVIe arrondissement, teinté, fut occupé par l'ennemi du 1er au 3 mars 71.

Gares *du Nord* et *Saint-Lazare*.
Quartiers *de Montmartre, des Batignolles*.
Commandants en chef :
Contre-amiral Cosnier.
Artillerie : Colonel Fèvre.
Génie : Lieutenant-colonel Motet.
Quartier-général : Avenue de Saint-Ouen, 105.
6 bataillons au début, 36 en octobre.

5e *Secteur. — Les Ternes.*
9 bastions, nos 46 à 54 — 4 kilomètres.
De la porte d'Asnières à la porte Dauphine.
Portes *d'Asnières, de Villiers, de Champerret, des Ternes, de Neuilly, Dauphine.*
Quartiers *de Monceau, des Ternes, de Passy.*
Commandants en chef :
5 septembre : Général Ambert.
Du 19 septembre 70 au 15 février 71 : contre-amiral
Le Couriault du Quilio.
Artillerie : Colonel Roy.
Génie : Commandant Bompard.
Quartier-général : Avenue Mac-Mahon, 74.
6 bataillons au début, 33 en octobre.

6e *Secteur. — Passy.*
13 bastions, nos 55 à 67 — 5 kilomètres.
De la porte Dauphine au quai d'Auteuil.
Portes *Dauphine, de la Muette, de Passy, d'Auteuil, de St-Cloud.*
Quartiers *de Passy, d'Auteuil, du Point-du-jour.*
Commandants en chef :
Amiral Fleuriot de Langle.
Artillerie : Colonel Virgile.

Génie : 1° Colonel Guillemaut.
«   2° Chef de bataillon Rapatel.
7 bataillons au début, 12 en octobre.

RIVE GAUCHE.

7ᵉ Secteur. — Vaugirard.

7 bastions, nᵒˢ 68 à 75 — 3 kilomètres.
Du quai de Grenelle à la porte de Vanves.
Portes *du Bas-Meudon, de Sèvres, de Versailles, de Vanves.*
Quartiers *de Grenelle, de Vaugirard.*

Commandants en chef :

Contre-amiral de Montaignac.
Artillerie : Colonel Nourisson.
Génie : Lieutenant-colonel Jahan.
Quartier-général : Gare de ceinture de Vaugirard.
7 bataillons au début, 15 en octobre.

8ᵉ Secteur. — Montparnasse.

10 bastions, nᵒˢ 77 à 86 — 3 kilomètres.
De la porte de Vanves au bastion 87.
Portes *de Châtillon, d'Orléans, de Gentilly, des Peupliers.*
Gares *de l'Ouest, de Sceaux.*
Quartiers *de Vanves, de Montrouge, de l'Observatoire.*

Commandants en chef :

Contre-amiral Méquet.
Artillerie : Lieutenant-colonel Guilhermy.
Génie : Chef de bataillon Hennebert.
Quartier-général : Avenue d'Orléans, 93.
7 bataillons au début, 20 en octobre.

9ᵉ Secteur. — Gobelins.

8 bastions, nᵒˢ 87 à 94 — 4 kilomètres.

Du bastion 87 au quai de la Gare.
Portes *d'Italie, de Choisy, d'Ivry.*
Gare *d'Orléans.*
Quartiers *de Bicêtre, de l'Hôpital.*

Commandants en chef :

Contre-amiral de Challié.
Artillerie : Colonel Hudelits (marine).
Génie : Lieutenant-colonel Tézénas.
Quartier-général : Avenue d'Italie, 75.
6 bataillons au début, 24 en octobre.
Soixante-dix-neuf ambulances desservent le rempart intérieur.

Arrêté du Gouvernement de Paris ordonnant l'incendie des forêts, bois, portions de bois pouvant compromettre la défense, à Bondy, Montmorency, Meudon, Clamart, Boulogne, Vincennes.

La forteresse de Laon, commandée par le général Thérœmin, saute au moment ou l'État-Major prussien vient d'y être introduit. Trois cents de nos mobiles sont tués et, avec eux, nombre d'officiers allemands. M. J. Ferrand, préfet de l'Aisne, est fait prisonnier.

Toul, commandée par le chef d'escadron Huck avec une garnison de 2,290 hommes, dont le plus gros est formé par la jeunesse de Nancy, est investie et, dès le début, furieusement canonnée.

Les Prussiens sont à Château-Thierry, Villeneuve-la-Grande, Montmirail, Sezanne.

Le dimanche 11, décret fixant l'organisation de la Garde nationale mobile départementale en 4 divisions :

1re *Division*. — Général de Limiers (quartier-général, à l'Élysée). 8e, 9e, 16e, 17e, arrondissements.

2e *Division*. — Général de Beaufort d'Hautpoul (quartier-général, au Palais-Royal). 1er, 2e, 18e arrondissements.

3e *Division*. — Général Berthaut (quartier-général, au Conservatoire des Arts-et-Métiers). 3e, 4e, 10e, 11e, 12e, 19e, 20e, arrondissements.

4° *Division* —. Général Corréard (quartier-général, au Luxembourg). 5e, 6e, 7e, 13e, 14e, 15e arrondissements.

Appel aux Allemands par Victor-Hugo.

Place de la Concorde, manifestation patriotique devant la statue de Strasbourg, devenue un but de pélerinage et disparaissant sous les drapeaux, les fleurs et les couronnes.

Décret rétablissant jusqu'à nouvel ordre la taxe de la viande de boucherie à Paris.

Les Prussiens sont en force à Coulommiers, la Ferté, Meaux.

Le lundi 12, décret allouant aux Gardes nationaux qui en feront la demande une indemnité de 1 fr. 50 c. par jour.

On prend toutes mesures nécessaires pour préserver le Louvre, les bibliothèques et l'hôtel Cluny.

Arrêté relatif à la révision de la dénomination des rues de Paris. La rue du 10 Décembre prend le nom de rue du 4 Septembre. L'avenue de l'Impératrice, celui d'avenue du général Uhrich.

Les 16 forts couvrant Paris sont ainsi commandés :

DISTANCE DES FORTS ENTRE EUX	NOMS DES FORTS	DISTANCE DE PARIS
NORD 1.150 mètres	de la Briche	5.100 mètres
1.850 —	de la D^{le}-Couronne	5.000 —
3.800 —	de l'Est	2.000 —
3.000 —	d'Aubervilliers	1.900 —
EST 2.100 —	de Romainville	1.450 —
2.300 —	de Noisy	3.000 —
3.000 —	de Rosny	4.650 —
3.300 —	de Nogent	4.900 —
3.900 —	de Vincennes	2.100 —
2.900 —	de Charenton	3.300 —
SUD 2.500 —	d'Ivry	2.500 —
2.700 —	de Bicêtre	1.500 —
2.500 —	de Montrouge	1.550 —
1.700 —	de Vanves	2.100 —
7.500 —	d'Issy	2.200 —
OUEST 12.750 —	du Mont-Valérien	4.000 —

COMMANDANTS SUPÉRIEURS	OBSERVATIONS
L¹-colonel TAPHANEL (en retr.).	
Colonel PEIN	Remplacé par le chef de bataillon ZELER (en ret.)
Lieuten.-colonel SENTUPERY.	
Colonel DE TRYM (en retraite).	
Capitaine de vaisseau ZÉDÉ.	
Capitaine de frégate MASSIOU .	Remplacé par le capitaine de frégate TRÈVE.
Capitaine de vaisseau MALLET.	
Lieutenant-colonel PISTOULEY.	Remplacé par le capitaine de frégate LEFORT.
Général RIBOURT.	
Colonel LE BESCHU DE LA BAS- - TAYS (en retraite).	
Capitaine de vaisseau KRANTZ.	
Capitaine de frégate FOURNIER.	
Capitaine de vaisseau AMET.	
Lieutenant-colonel CRÉTIN. . .	Remplacé par le lieut.-colonel BRUNON.
Colonel GUICHARD (en retraite).	
Colonel PORION.	Remplacé par le colonel NOEL.

Les propositions Suisses concernant la sortie de la population civile de Strasbourg étant acceptées, 2,500 personnes évacuent la ville immédiatement. Les assiégés apprennent seulement alors la chute de l'Empire. M. Valentin est nommé Préfet; M. Kuss, maire.

Crémieux quitte Paris pour se rendre à Tours comme délégué de la Défense.

M. Thiers part le soir en mission pour Londres et devant se rendre ensuite à Saint-Pétersbourg et à Vienne.

On fait sauter les ponts des environs de Paris. Le pont de Creil est complètement détruit et la gare du nord ne communique plus avec son réseau que par Pontoise et les ponts de Saint-Ouen et de Corbeil.

Les Prussiens sont à Nogent-sur-Seine, Provins, Noisy, Carlepont, Tracy-Laval, Villers-Saint-Georges, Vaucouleurs, Vied.

Le mardi 13, le général Trochu passe en revue les 260,000 hommes formant la garde nationale sédentaire et mobile.

Les troupes sont rangées sur tout le parcours des boulevards intérieurs, la 1re division sur la place de la Bastille, la 9e, sur la place de la Concorde.

Les neuf divisions de la garde nationale sont ainsi commandées et réparties :

1re division : général Faron.

Bataillons 14, 48, 49, 50, 51, 52, 53, 56, 73, 93, 94, 95, 96, 121, 122, et 126.

2e division : général Callier.

Bataillons 27, 30, 31, 54, 57, 58, 63, 65, 66, 67, 68, 74, 75, 76, 80, 83, 86, 88, 89, 123 et 130.

3e division : général de Montfort.

Bataillons 9, 10, 23, 24, 25, 26, 28, 29, 62, 107, 108, 109, 114, et 128.

4e division : amiral Cosnier.

Bataillons 6, 7, 11, 32, 34, 36, 61, 64, 77, 78, 79, 116, 117, 124, 125 et 129.

5e division : général Ambert.

Bataillons 2, 3, 8, 33, 35, 37, 90, 91, 92, 100, 111, 112, 113 et 132.

6e division : amiral de Fleuriot de Langle.

Bataillons 1, 4, 5, 12, 13, 38, 39, 69, 71 et 72.

7e division : amiral de Montaignac.

Bataillons 15, 17, 41, 45, 47, 81, 82, 105, 106, 127 et 131.

8e division : amiral Méquet.

Bataillons 16, 18, 19, 20, 40, 43, 46, 83, 84, 85, 103, 104, 115 et 136.

9e division : amiral de Challié.

Bataillons 21, 22, 42, 44, 59, 60, 101, 102, 118, 119, 120, 133, 134 et 135.

Le mercredi 14, tous les ambassadeurs et chefs de missions diplomatiques font connaître qu'ils restent à Paris.

Circulaire du ministre de l'Intérieur aux Préfets.

Ordre du jour du général Trochu aux Gardes nationaux et gardes mobiles de la Seine.

Glais-Bizoin et Fourichon quittent Paris pour se rendre à Tours comme délégués de la Défense.

Du 16 au 22 septembre, la taxe de la viande est ainsi fixée :

Le kilog.	Bœuf.	Mouton.
1re catégorie :	2 fr. 10 c.	1 fr. 80 c.
2e «	1 70	1 30 c.
3° «	1 30	1 10 c.

Les Prussiens s'emparent de Colmar. Ils sont à la Croix-aux-Bois, Gastins, Clos-Fontaine, Nangis, Courtevrouse, Vieux-Champagne.

En Allemagne, il y a division sur la question d'une annexion possible de l'Alsace et de la Lorraine. Beaucoup se prononcent *contre* cette violence au nom même des intérêts de l'Allemagne.

L'Avenir de Berlin, publie l'article suivant, curieux et important document émanant d'un penseur politique, M. Louis Simon, de Trèves, qui, déjà, le 6 septembre, avait adressé à ses compatriotes une proclamation favorable à la France.

« On nous dit qu'il est nécessaire que l'on prenne au moins l'Alsace et la Lorraine à la France.

« La camarilla militaire, le professorat, la bourgeoisie prétendent que c'est là le moyen de garantir l'Allemagne à jamais contre toute guerre de la part de la France. C'est au contraire le moyen le plus sûr de convertir cette guerre en une institution européenne. C'est encore le moyen le plus sûr d'éterniser le despotisme militaire dans l'Allemagne rajeunie, et cela pour contenir la Pologne occidentale, l'Alsace et la Lorraine. C'est le moyen le plus efficace de transformer la paix prochaine en armistice, jusqu'au moment où la France aurait repris assez de force pour pouvoir exiger le retour du territoire perdu. C'est le moyen le plus efficace de miner l'Allemagne et la France par des déchirements réciproques.

« Les gens qui ont découvert ces garanties d'une paix éternelle devraient pourtant connaître, par l'histoire de la Prusse, que ces mesures violentes, employées pour épuiser un peuple plein de vie, n'amènent que le contraire de ce qu'on proposait.

« Et que ne sera pas la France, même après la perte de l'Alsace et de la Lorraine, comparée à la Prusse après la paix de Tilsitt.

« Le Teuton le plus chauvin n'oserait affirmer que le Lorrain et l'Alsacien soupirent beaucoup après les joies du régime allemand.

« On peut, d'un autre côté, être sûr que la doctrine du pangermanisme et de la garantie des frontières va amener de beaux résultats pour l'Allemagne et l'Europe en Orient. Quiconque ne se laisse pas étourdir par les cris d'ivresse du moment ou qui n'a pas intérêt à étourdir le peuple allemand, doit prévoir que la guerre de 1870 amènera fatalement la guerre de l'Allemagne avec la Russie, comme la guerre de 1866 a amené la guerre de 1870.

« Je dis fatalement, inévitablement, à moins d'une révolution peu probable en Russie.

« Ce cas improbable n'arrivant pas, la guerre entre l'Allemagne et la Russie doit être considérée déjà comme un fait accompli.

« L'opportunité ou l'inopportunité de cette guerre ne dépend que de l'attitude que vont prendre les vainqueurs allemands.

« S'ils s'emparent de l'Alsace et de la Lorraine, la France fera la guerre en compagnie de la Russie. »

Le jeudi 15, Lyon procède à de nouvelles élections municipales.

Première ascension captive du ballon-observateur de la rive gauche.

Le train n° 117 est pris par les Prussiens à son arrivée à Senlis. La compagnie supprime tout service entre Paris et Chantilly.

Les Prussiens sont à Neuilly-sur-Marne, Villers-Cotterets, Nanteuil, Villeneuve, Dammartin, Plessis-aux-Bois, Créteil, Clamart, Meudon, Sèvres, Viroflay, Saint-Cloud, Charenton, Saint-Ouen.

Le vendredi 16, le général de brigade Le Flô est réintégré dans l'armée avec le grade de général de division, à la date du 2 décembre 1851.

L'ancien représentant du peuple Victor Schœlcher est nommé colonel d'état-major général des Gardes nationales de la Seine.

La place Royale prend le nom de place des Vosges.

Les trains ne vont plus que jusqu'à Saint-Denis.

Les Prussiens sont à Juvisy, Athis, Villeneuve-Saint-Georges, Herblay, Pontoise, Chelles, Montfermeil, Livry, Gonesse, Montmorency, Cormeilles, Poissy.

Toul repousse un assaut.

Le samedi 17, premier combat sous Paris.

La division d'Exéa, du 13e corps, dirige une reconnaissance sur Choisy-le-Roi. Engagement heureux conduit par le général Vinoy.

Les éclaireurs à cheval du commandant Franchetti

rencontrent les hussards bleus de la garde royale, tuent sept hommes et ont trois blessés, MM. de Kerghariou, Joly de Marval et de Bedé.

Les canonnières cuirassées de la défense de Paris opèrent leurs premières reconnaissances.

On fait sauter quatre arches du viaduc du chemin de fer à Nogent et la pile du pont suspendu de Petit-Bry sur la Marne.

Des uhlans arrivent à Versailles qui ouvre ses portes.

Les Prussiens sont à Anger, Sancy, Courtaçon, Courchamps, Chendise, Brunoy, Villeneuve-Saint-Georges.

Circulaire du ministre des Affaires étrangères aux agents diplomatiques.

Le décret suivant, très diversement jugé, cause une vive émotion.

« Les locaux dont les habitants se sont éloignés de Paris pour toute autre cause que pour un service public seront soumis, à partir du 10 septembre, à une taxe graduée suivant la valeur locative desdits locaux.

« Au-dessous de 600 fr. lesdits locaux ne supporteront aucune taxe.

« A partir de 600 fr. la taxe sera réglée de la manière suivante :

« De 600 à 1,000 fr.	20 fr. par mois.	
1,001 à 2,000	60	—
2,001 à 3,500	120	—
3,501 à 6,000	180	—
6,001 à 10,000	240	—
10,001 à 20,000	300	—
20,001 et au-dessus	500	—

« La taxe cessera à partir de la levée du siège. »

M. Thiers, ayant quitté Londres, s'embarque à Hull pour Saint-Pétersbourg.

Le dimanche 18, combat en avant de la redoute de Châtillon.

La reconnaissance poussée par le général Ducrot démontre que les Prussiens se dirigent de Choisy-le-Roi sur Versailles en contournant les positions de Châtillon et de Clamart.

Les troupes allemandes bordent la rive droite de la Seine à Conflans, Andrésy, Carrières, Triel, Chanteloup.

Reconnaissance prussienne à cinq cents mètres du pont de Joinville.

On fait sauter le vieux pont de la Reine-Blanche, à Poissy, et les ponts de Sèvres et de la Grande-Jatte.

La déclaration de neutralité des États-Unis, datée du 22 août, arrive à Paris.

Protestation de l'Institut contre le bombardement éventuel de Paris.

Décret fixant au mercredi 28 les élections municipales dont le scrutin de ballottage aura lieu le lendemain.

Décrets portant création d'un corps d'artillerie de la garde nationale de neuf batteries, — allouant 600,000 fr. à la construction de mitrailleuses.

Un système de barricades formera une seconde enceinte intérieure ; M. Rochefort est nommé président de la Commission d'exécution ; Flourens est son lieutenant.

Toutes les voies ferrées sont coupées à la sortie des fortifications. — A dater du 19 juillet où la guerre a été déclarée, la compagnie de l'Est a formé en dix jours, 594 trains, près de 60 par jour, et transporté sur le Rhin 196.620 hommes, 32.410 chevaux, 3.162 canons et 995 wagons de munitions. On ne saurait trop rendre justice à l'activité, au courage, au dévouement, au patriotisme de tout le personnel de cette compagnie non plus qu'aux efforts prodigieux de nos autres compagnies pendant toute la durée de la guerre.

La dernière ligne télégraphique existante, celle de l'Ouest, est supprimée.

A 7 heures du matin, Jules Favre, accompagné de son sous-chef de cabinet, M. le baron de Ring, de son secrétaire M. Hendle, d'un capitaine d'état-major et de M. Lutz, se rend secrètement au quartier-général prussien. L'entrevue de notre ministre des Affaires étrangères avec le comte de Bismarck aura lieu à Ferrières.

II

LE SIÈGE

—

Lundi 19 Septembre

PREMIÈRE JOURNÉE

Soleil radieux. Paris se trouve complètement bloqué. Séparés du monde entier, ayant en même temps à combattre l'ennemi et à reconstituer un gouvernement, tout à faire à la fois, les citoyens de Paris, acceptant déboires et souffrances, sans se lasser, sans se décourager malgré les revers, sans désespérer malgré les désastres, simples, patients, héroïques, travailleront à l'établissement de la République, aux heures où ils ne combattront pas pour la patrie.

Dès 5 heures du matin, les troupes du général Ducrot, artillerie, cuirassiers, infanterie de ligne, mobiles, engagent la lutte contre la vive fusillade d'un ennemi invisible, embusqué dans les bois où il est massé en lignes profondes.

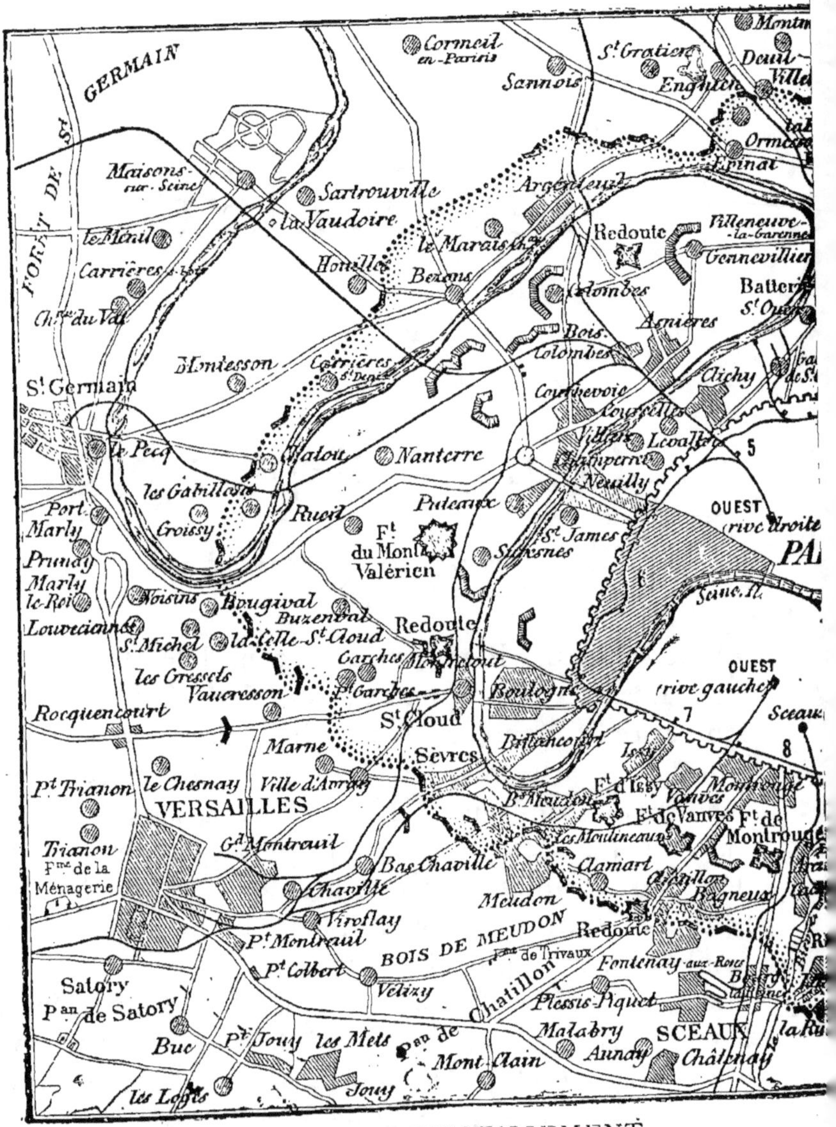

INVESTISSEMENT

Bonneuil
Gᵈ Tremblay
Garges
Villepinte
la Villette-aux-Aunes
Stains
Dugny
le Blanc-Mesnil
Double Couronne du Nord
le Bourget
Sevran
Canal
le Vert-Galant
DENIS de l'Est
Aulnay les Bondy
Villeparisis
la Courneuve Avron
Drancy
Canal
Livry
Vaujours
Courtry
Crèvecœur
Aubervilliers
Fᵗ d'Aubervilliers
Clichy en l'Aunai
Coubron
Redᵗᵉ de la Flèche
Bobigny
Montfermeil
Bondy
Rainey
Noisy-le-Sec
Fᵗ de Merlan
Gagny
Chelles
Romainville
Redᵗᵉ de Noisy
Fᵗ de Noisy
St Gervais
3
Romainville
Villemonble
Rosny
Bagnolet
Fᵗ de Rosny
Montreuil
Redᵗᵉ de Montreuil
Neuilly s Marne
Gournay
2
Redᵗᵉ de Fontenay
Marne, r.
Champs
Vincennes
Vincennes
Fontenay s Bois
Noisy-le-Grand
LYON
la Pissotte
Fᵗ de Nogent
Fᵗ de Vincennes
Nogent s Marne
Brie
1
Villiers
Redᵗᵉ de la Faisanderie
Charenton
Gravelle
Joinville
Champigny
Ivry
Charenne
St Maur
Cœuilly
Alfort
Fᵗ de Charenton
Marne, riv.
Fᵗ d'Ivry
Créteil
la Varenne
Maisons Alfort
Adam St Hil
Mesnil
Chennevières
Créteil
Ormesson
la Queue en Brie
Ivry
Mesly
Marne, rio.
Noiseau
la Pompe
Pontault
Mʰⁿ Baquet Gare aux Bœufs
Bonneuil
Choisy-le-Roi
Montmesly
Sucy en-Brie
Ligne d'investissement.
Batteries prussiennes.
Travaux français.
Villages.

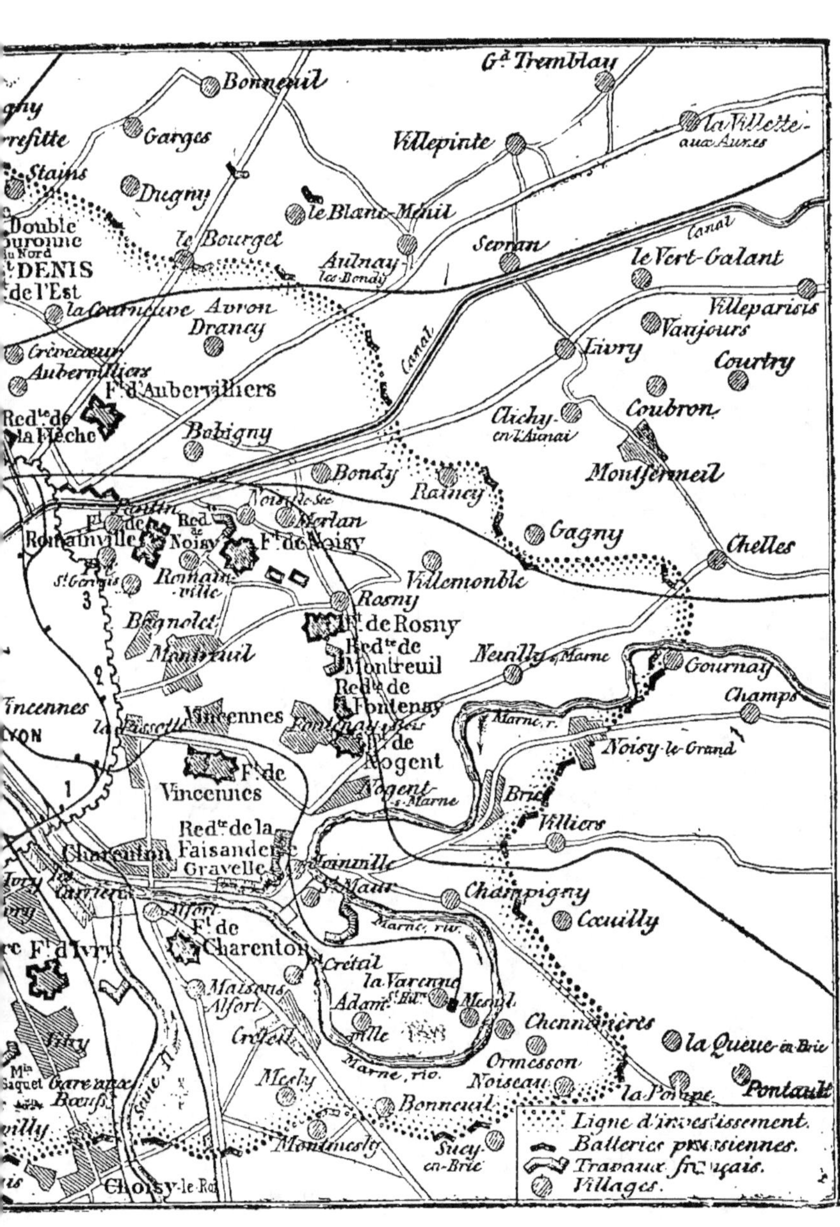

DE PARIS

A 7 heures, l'artillerie prussienne commence de riposter à la nôtre. Après deux heures d'un combat acharné, à 9 heures, une furieuse pluie de boulets et d'obus contraint nos lignes à se replier sous les forts de Montrouge et de Vanves.

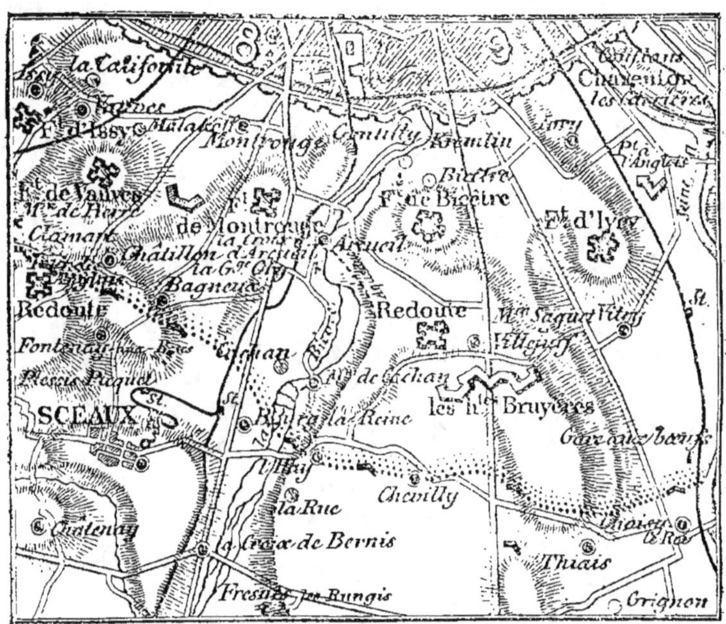

JOURNÉE DE CHATILLON

Après un second et très heureux mouvement de l'artillerie, force nous est d'abandonner définitivement la redoute du plateau de Châtillon, travail de défense laissé inachevé par nous et que l'ennemi terminera pour en faire un ouvrage d'attaque.

Nous avons mis plus de 3.000 hommes hors de

combat. Nos pertes sont presque nulles. Cependant quelques fuyards, pris de panique, pénètrent dans Paris où ils répandent la consternation. Ces lâches seront déférés aux conseils de guerre où il sera péremptoirement prouvé « qu'ils n'ont pas pris part au combat », « qu'ils n'ont pas tiré un coup de fusil. »

Dans la soirée, la proclamation suivante est affichée :

Citoyens !

Le canon tonne, le moment suprême est arrivé.

Depuis le jour de la Révolution, Paris est debout et en haleine : tous, sans distinction de classes ni de partis, vous avez saisi vos armes pour sauver à la fois la Ville, la France et la République.

Vous avez donné dans ces derniers jours la preuve la plus manifeste de vos mâles résolutions ; vous ne vous êtes laissé aller ni aux excitations ni à l'abattement ; vous avez envisagé avec sang-froid la multitude des assaillants.

Les premières atteintes de la guerre vous trouveront également calmes et intrépides et si les fuyards venaient, comme aujourd'hui, porter dans la cité le désordre, la panique et le mensonge, vous resteriez inébranlables, assurés que *la cour martiale qui vient d'être instituée par le Gouvernement pour juger les lâches et les déserteurs* saura efficacement veiller au salut public et protéger l'honneur national.

Restons donc unis, serrés les uns contre les autres, prêts à marcher au feu, et montrons-nous dignes fils de ceux qui, au milieu des plus effroyables périls, n'ont jamais désespéré de la Patrie !

Léon Gambetta.

Décret fixant au 2 novembre l'élection de quatre-vingts Conseillers ayant charge des intérêts de la cité.

La garde mobile est autorisée à procéder à la réélection de ses officiers.

Clément Thomas remplace le général de Montfort, démissionnaire, au commandement du 3ᵉ secteur. Le contre-amiral du Quillo remplace le général Ambert au 5ᵉ.

On voit des espions partout, rue Lafayette chez Dreher et ailleurs.

La police administrative fait cueillir les dernières demoiselles salissant les trottoirs et fixe à 10 heures et demie la fermeture des cafés.

Félix Pyat, directeur du journal *le Combat*, ouvre une souscription à cinq centimes pour offrir « un fusil d'honneur au soldat français qui touchera le roi de Prusse. »

—

Mardi 20

DEUXIÈME JOURNÉE

Vive canonnade des forts.

L'ennemi est partout en nombre autour de Paris, à Bondy, à Bobigny, au Raincy, à Châtillon, à Sèvres. 80,000 hommes occupent Versailles.

Sévère proclamation de Trochu à l'armée.

Jules Favre rentre à Paris.

On lit dans l'*Électeur libre* :

« Les négociations paraissent entamées pour la conclusion d'un armistice.

« Nous avons annoncé le départ de M. Jules Favre et de son sous-chef de cabinet, M. Ring, pour le quartier général du roi de Prusse. Le ministre est parti, en effet, dimanche, à 6 heures du matin.

« Depuis dix jours, lord Lyons avait demandé cette entrevue. La réponse a tardé, mais elle est arrivée ; elle était favorable.

« Le vice-président du gouvernement de la Défense nationale ne pouvait entreprendre une pareille démarche qu'avec la certitude d'un accueil digne de la France et l'espoir bien fondé d'une bonne solution.

« Aussi comptons-nous sur un résultat immédiat et conforme à nos vœux. Lord Lyons ne se serait pas entremis et M. Jules Favre n'aurait pas quitté son poste pour n'emporter qu'une déception.

« Il y a donc lieu de croire que l'armistice va être conclu et qu'il en sortira bientôt la paix.

« Une paix honorable : la France n'en accepterait pas d'autre. »

Hélas! douce et terrible illusion!

MM. Ulric de Fonvielle, Mégy, Razoua, officiers aux bataillons de garde nationale, protestent à l'Hôtel-de-Ville, contre toute question de paix.

Publication du premier fascicule des *Papiers de la famille impériale*.

Les Sergents de Ville sont remplacés par les Gardiens de la Paix Publique.

Auguste Villemot, doyen des rédacteurs du *Figaro*,

mort subitement, est enterré à Saint-Germain-des-Prés. On enterre aussi Alexandre Flan.

L'Opéra, encore inachevé, est cependant inauguré.

Utilisé du faîte au troisième dessous, le monument Garnier servira d'observatoire, de magasin et d'ambulance.

Mottu est nommé maire du 11ᵉ arrondissement et Louis Noir, chef de bataillon par seize compagnies des gardes nationales de La Villette.

Continuation de la chasse aux espions.

La cour d'assises cesse de siéger.

—

Mercredi 21

TROISIÈME JOURNÉE

Sur tous les points de la ville, des groupes se pressent devant la proclamation suivante, lue à haute voix, accueillie et commentée avec une fièvre enthousiaste :

« Citoyens,

« C'est aujourd'hui le 21 septembre.

« Il y a soixante-dix-huit ans, à pareil jour, nos pères fondaient la République et se juraient à euxmêmes, en face de l'étranger qui souillait le sol sacré de la patrie, de vivre libres ou de mourir en combattant.

« Ils ont tenu leur serment ; ils ont vaincu, et la République de 1792 est restée dans la mémoire des hommes comme le symbole de l'héroïsme et de la grandeur nationale.

« Le gouvernement installé à l'Hôtel-de-Ville aux cris enthousiastes de : Vive la République! ne pouvait laisser passer ce glorieux anniversaire sans le saluer comme un grand exemple.

« Que le souffle puissant qui animait nos devanciers passe sur nos âmes, et nous vaincrons.

« Honorons aujourd'hui nos pères et, demain, sachons comme eux forcer la victoire en affrontant la mort.

« Vive la France! vive la République!

« Paris, le 21 septembre 1870.

« Le ministre de l'Intérieur,
« Léon GAMBETTA. »

Pas de combat ; mais l'ennemi, qu'on ne voit pas, continue son installation. Il est à Vaux, Triel, Le Pecq, Port-Marly, Rueil, Nanterre, Choisy-le-Roy, La Plâtrière, Le Moulin d'Argent-Blanc, Châtillon, Chevreuse, L'Hay, Chevilly, Vitry, Cachan, Courneuve, Le Bourget, Dugny... il est partout.

La ceinture de fer est forgée.

Malgré ses efforts, le directeur des postes, M. Rampon, ne peut parvenir à établir aucune correspondance avec l'extérieur. L'or ne sert plus de rien ; seul, le plomb a cours.

Les élèves de l'École polytechnique sont employés à la défense ; un bataillon spécial est formé du personnel de la Compagnie des omnibus: 3,000 gamins de Paris, de 14 à 18 ans, sont organisés en bataillon de *Pupilles de la République*.

Les crémeries manquent de lait.

—

Jeudi 22

QUATRIÈME JOURNÉE

Brouillard intense.

Importantes reconnaissances soutenues par la canonnade des forts : au carrefour Pompadour (Créteil), où le lieutenant Jancket se distingue par son sang-froid ; à Pierrefitte, par les francs-tireurs poursuivis dans leur retraite par les Prussiens dont la mousqueterie tue un homme dans une rue de Saint-Denis ; à Villejuif, aux Hautes-Bruyères, au Moulin-Saquet, par la division Maud'hui. Victor Lefranc, avocat, âgé de 20 ans, est grièvement blessé.

L'escadron des éclaireurs Franchetti, dirigé par le capitaine de Louvencourt, officier d'ordonnance du général Ducrot, revenant d'une reconnaissance, est arrêté... par un lieutenant de notre gendarmerie.

Tout Paris, indigné, fiévreux, lit le document publié par Jules Favre revenu du quartier général : La Prusse entend garder l'Alsace et la Lorraine *par droit de conquête* et, comme condition préalable d'un armistice en vue d'élire une Constituante, exige l'occupation

des places assiégées, du Mont-Valérien et la garnison
de Strasbourg prisonnière de guerre.

La dépêche suivante de notre ministre des Affaires
étrangères à M. de Bismarck met fin à toute négociation :

« Monsieur le Comte

« J'ai exposé fidèlement à mes collègues du gouvernement de la Défense nationale la déclaration que
Votre Excellence a bien voulu me faire. J'ai le regret
de faire connaître à Votre Excellence que le Gouvernement n'a pu admettre votre proposition. Il accepterait un armistice ayant pour objet l'élection et la
réunion d'une Assemblée nationale. Mais il ne peut
souscrire aux conditions auxquelles Votre Excellence
le subordonne. Quant à moi, j'ai la conscience d'avoir
tout fait pour que l'effusion du sang cessât et que
la paix fût rendue à nos deux nations pour lesquelles
elle serait un grand bienfait. Je ne m'arrête qu'en
face d'un devoir impérieux m'ordonnant de ne pas
sacrifier l'honneur de mon pays, déterminé à résister
énergiquement. Je m'associe sans réserve à son vœu
ainsi qu'à celui de mes collègues. Dieu, qui nous juge,
décidera de nos destinées. J'ai foi dans sa justice.

« J'ai l'honneur d'être, monsieur le Comte,
    « De Votre Excellence,
    « Le très humble et très obéissant serviteur,

« JULES FAVRE. »

Vaincre ou mourir.

Paris, fixé, regarde fièrement l'avenir en face. Fais ce que dois !

Victor Hugo, s'adressant aux Allemands et aux Français et Louis Blanc, aux Anglais, publient d'éloquents plaidoyers humains.

Emmanuel Arago, Garnier-Pagès et Gambetta sont nommés membres du Comité de Défense.

La Commission des Barricades est ainsi composée :

Henri Rochefort, membre du gouvernement de la défense nationale.

Dorian, ministre des travaux publics;

Gustave Flourens;

Jules Bastide, ancien ministre de la République;

Martin Bernard;

Floquet, adjoint au maire de Paris;

A. Dréo, secrétaire-adjoint du gouvernement de la défense nationale.

M. de Jouvencel est élu président de la Commission provisoire chargée de remplacer le Conseil d'Etat.

L'entrée des monuments publics élevés est interdite.

A Montmartre, on démolit la tour Solférino pouvant servir de point de mire à l'ennemi.

Les facteurs de la Poste, qui n'ont plus grand'chose à faire, s'organisent en bataillons... de marche.

On rétablit provisoirement la taxe du pain.

Toul est contraint à la reddition, livrant 109 officiers et 2,240 hommes prisonniers, 1 drapeau de la mobile, 3,000 fusils et 197 canons.

—

Vendredi 23

CINQUIÈME JOURNÉE

Des reconnaissances continuent d'avoir lieu sur tous les points.

Le canon tonne, particulièrement à Arcueil et à Villejuif. Que se passe-t-il de ce côté ? La population s'inquiète et l'affluence est énorme devant la mairie de la rue Drouot. Vers 10 heures du soir, on pose l'affiche manuscrite suivante :

NOTE

Voici la vérité : Nous avons repris Villejuif et Moulin-Saquet.

A l'Est, nous avons débusqué l'ennemi de Courneuve et du Bourget.

En somme, bonne, très bonne journée.

Pour copie conforme :
Le Maire,
RANC.

244 bataillons de garde nationale sédentaire, formant un contingent de 400,000 hommes constitués, s'exercent sur tous les points de Paris.

Un ordre du gouverneur de Paris invite la garde nationale à s'abstenir de toute inutile démonstration. La place de tous est aux remparts et non devant l'Hôtel-de-Ville.

Rapport de Jules Favre à ses collègues sur l'entrevue de Ferrières.

De la place Saint-Pierre à Montmartre, où Nadar, Dartois et Duruof ont installé l'aérostat permanent des observations militaires de la rive droite, départ du premier ballon-poste. A sept heures du matin, le *Neptune*, cubant 1,200 mètres et monté par Duruof, s'enlève portant trente à quarante mille lettres que, vu les difficultés d'expédition, l'administration a prié d'écrire sur papier pelure et sans enveloppe. En passant au-dessus des lignes ennemies, l'aérostat, qui se dirige vers l'Ouest, fait pleuvoir 4,000 cartes de visite cornées que Nadar envoye aux Prussiens.

En raison des événements, les élections municipales et à l'Assemblée nationale, sont ajournées.

Les fonds secrets sont supprimés. M. Devienne, premier président à la Cour de cassation, d'ailleurs absent à l'heure du danger, est déféré disciplinairement à la Cour de cassation pour indignité.

Monseigneur Darboy invite les curés à rétablir au plus tôt sur les églises la devise républicaine : *Liberté, Égalité, Fraternité*.

Par une lettre du bâtonnier de leur ordre, M. Rousse, les avocats à la Cour d'appel de Paris adressent à Jules Favre « l'hommage respectueux de leur admiration et de leur reconnaissance. »

L'affiche suivante est très lue :

TAXE DU PAIN

Le maire de Paris,

Vu l'arrêté en date du 21 courant qui rétablit la taxe du pain à Paris :

Arrête :

Art. 1er. — A partir du 23 septembre, présent mois, le prix du pain sera fixé savoir :

Celui du pain de première qualité, à 45 centimes le kilogramme; celui du pain de deuxième qualité, à 38 centimes le kilogramme.

Art. 2. — A partir du même jour, les quantités de pain à livrer au détail, pour des prix déterminés de 10, 15 et 20 centimes, seront réglées ainsi qu'il suit, savoir :

Pour 10 centimes..................... 215 grammes.
Pour 15   —   325   —
Pour 20   —   435   —

Paris est rationné — mais ce n'est que le commencement. On mange son pain blanc.

—

Samedi 24

SIXIÈME JOURNÉE

Soleil radieux.

Partout, calme plat.

Le mont Valérien canonne des convois ennemis ; la batterie de Saint-Ouen, les travaux des carrières d'Orgemont ; le fort d'Issy, les batteries de Sèvres.

Le petit village de Gentilly, qui n'est plus qu'un monceau de ruines, continue de brûler.

A 3 heures, le pont de Chatou saute.

Christmann, alsacien, âgé de 22 ans, engagé volontaire, fait des prodiges comme canonnier de la 15e batterie montée d'artillerie de marine.

De Saint-Denis, il a déjà démonté à lui seul 47 pièces ennemies. On le change de fort pour le faire successivement opérer sur différents points. Il a du reste son instrument, une pièce de seize portant à 9 kilomètres.

Le jardin des Tuileries est converti en parc d'artillerie.

Un arrêté réglemente la paye aux gardes nationaux de 1 fr. 50, alloués par décret du 12 septembre.

Départ de Montmartre d'un deuxième ballon-poste, cubant 1,200 mètres et monté par Eugène Godard et une personne chargée par le gouvernement d'une importante mission militaire. Un des pigeons emportés nous apprend que l'aérostat est descendu à Vernouillet sans avarie.

Protestation de la Société des gens de lettres contre un bombardement éventuel.

Arsène Houssaye est renommé inspecteur général des beaux-arts.

Son fils Henry, ainsi que Laisant, Ernest Billaudel, Alphonse Cayron et d'autres vaillants officiers, sont aux forts d'Issy et de Vanves, véritables nids à bombes et de ceux qui seront le plus terriblement éprouvés.

Pose des scellés chez M. Conneau.

Saisie de papiers importants chez M. Rouher.

La censure théâtrale est supprimée.

La galette du Gymnase et les brioches de la rue de la Lune ferment boutique. Cessation de commerce faute de beurre.

SEMAINE FINANCIÈRE

Bourse. — 3 o/o, 52,50; 4 1/2 o/o. 80,25. — Banque, 2,055. — Société générale, 445. — Crédit foncier, 985. — Crédit mobilier, 93,75. — Orléans, 820. — Nord, 990. — Est, 428,75. — Lyon, 832,50. — Midi, 550. — Ouest, 535. — Suez, 250.

—

Dimanche 25

SEPTIÈME JOURNÉE

Le septième jour, content de son ouvrage, Guillaume se repose :

Dieu de justice et de bonté, sois favorable à l'oppression et protège le crime !

L'ennemi, tout au Seigneur, ne se montre nulle part. Calme absolu de nos forts.

Dans Paris, partout foule de promeneurs endimanchés profitant du dernier soleil et de la dernière chaleur. La ligne des boulevards, particulièrement, ferait croire à un jour de fête, à quelque retour de victoire, tant domine l'uniforme.

Cependant, on croit Bagneux occupé par un corps considérable et nos canonnières, descendant la Seine, ont mitraillé Brimborion où l'on soupçonne des travaux de batteries.

Note rectificative du gouverneur de Paris aux journaux sur leurs récriminations à propos des premières opérations militaires et des premiers travaux de défense sous Paris.

Décret statuant qu'à l'avenir le sceau de l'Etat portera, d'un côté, pour type, la figure de la Liberté, et pour légende : *Au nom du peuple français* ; de l'autre côté, une couronne de chêne et d'olivier, liée par une gerbe de blé ; au milieu de la couronne, *République française, une et indivisible* et, pour légende : *Liberté, Égalité, Fraternité.*

Relativement à la question des loyers, le gouvernement déclare applicable, pendant la durée de la guerre, le paragraphe 2 de l'article 1244 du Code civil ainsi conçu :

« Les juges peuvent néanmoins, en considération de
» la position du débiteur, et en usant de ce pouvoir
» avec une grande réserve, accorder des délais modérés
» pour le paiement et surseoir à l'exécution des pour-
» suites, toutes choses demeurant en état. »

La Commission de colportage est supprimée.

On continue de remplacer les fusils à piston de la garde nationale par des fusils à tabatière.

Départ du ballon-poste *Cita di Firenze*, emportant le rapport de Jules Favre.

Place de la Trinité et devant l'Institut, des ingénieurs ayant découvert des nappes d'eau potable, font creuser des puits.

Au coin de la rue Biot et de la rue des Dames, la garde nationale arrête un boucher ayant refusé de livrer la viande aux prix de la taxe, et ferme sa boutique.

Les ressources en bestiaux étant limitées, il est décidé que, désormais, les chevaux propres à la consommation, jusqu'ici livrés aux équarrisseurs, en raison du taux élevé des fourrages, seront abattus et débités comme viande de boucherie.

—

Lundi 26

HUITIÈME JOURNÉE

Morne silence hors les murs.

L'ennemi fait le mort pour s'installer plus tranquillement dans toutes les villas des environs où, dès en arrivant, il se fortifie, prudent, crénelant les murs et les perçant de meurtrières.

De Tours, où est établie une délégation du gouvernement, la proclamation à la France, contre-signée Gambetta, arrive à Paris, par un estafette parvenu à y pénétrer.

« Déjà, dit ce document, l'amiral Fourichon a envoyé en avant d'Orléans des forces qui ont eu plusieurs petits engagements ; elles harcèlent l'ennemi, sans relâche, sous les ordres du général de Polhès. »

La province organise l'armée de secours.

On apprend la mort d'Alexandre Dumas.

A Montmartre, Nadar fait le premier essai d'un léger ballon captif, le *Strasbourg*, destiné à des observations militaires.

Décret portant que les lycées, écoles et asiles ne pourront être réquisitionnés, l'éducation de l'enfance et de la jeunesse conservant, dans les circonstances même les plus graves, une importance capitale. — Au lycée Bonaparte, la rentrée des classes est fixée au 4 Octobre... s'il se trouve des élèves.

A Belleville, sous la présidence du citoyen Vésinier, mise en accusation du fabricant d'équipements militaires Godillot « exploiteur et oppresseur tenant l'ouvrier en *servage.* » Accusation grotesque mise à néant par les travailleurs mêmes de la fabrique et par le bon sens public.

M. Eugène Bertrand, directeur des *Variétés*, informe ses locataires du quartier Popincourt que ceux dont le loyer est inférieur à deux cents francs sont dispensés du paiement du terme.

En vue d'un bombardement, on casemate les monuments. Les croisées du Louvre sont protégées par des sacs de terre. A l'Arc-de-Triomphe, le groupe de Rude disparaît sous des terrassements.

La question des denrées commence à prendre une face inquiétante.

Plus de lait, plus de beurre frais. Le beurre fondu se paye 4 francs la livre, le beurre salé 5 francs. Pas d'œufs à moins de 25 centimes. Le fromage se raréfie. Les graisses et saindoux se vendent 2 francs. le jambon, 6 francs le kilo.

Comme les fourrages s'épuisent également, le prix des chevaux tombe à rien.

Au Tattersall, des bêtes de prix, de 1,500 et 2,000 fr. sont vendues 100 francs. Au marché aux chevaux, quarante coursiers sur le retour sont adjugés à 400 francs.

Un cheval est refusé en paiement comme bouche inutile.

Au reste, on prépare le rationnement de la viande et, malgré les rayons d'un soleil menteur, une inquiétude saisit chacun, celle du combustible.

On fait le plus de provisions qu'on peut. Dans sa journée, Potin encaisse 60,000 francs.

Admirable chose que l'épicerie !

—

Mardi 27

NEUVIÈME JOURNÉE

Nuit calme. Poudre muette. L'oiseau fait son nid, l'oiseau de proie, l'ennemi.

De la tombée du jour à l'aurore, tant qu'a duré l'ombre, nos guetteurs de Nogent et de Vincennes ont entendu le roulement de voitures d'artillerie dans la direction de la Brie.

Une batterie se construit en avant de Châtillon.

Téméraire attaque de la ferme des Mèches par le 74e de ligne et les tirailleurs parisiens du capitaine Lavigne.

On apprend que les Italiens sont entrés dans Rome sans coup férir et que le pape est resté dans sa ville.

Circulaire de M. de Bismarck en réponse au Rapport du 21 adressé par Jules Favre à ses collègues sur l'entrevue de Ferrières.

Dans Paris, vive émotion vers 1 heure. Poussée par le vent d'Est, une épaisse colonne de fumée, s'élevant de Belleville, noircit tout le ciel irradié, répandant une poussière noire jusque sur la route d'Orléans, à Mont-rouge.

Que se passe-t-il?

Etienne Arago, maire de Paris et de Kératry, préfet de police, rassurent la ville inquiète par un placard et un rapport.

Un nommé Adolphe Henriot, ayant allumé une pipe non loin du lac des Buttes-Chaumont, où une grande quantité d'huiles essentielles se trouvaient gerbées et presque complètement recouvertes de terre, le feu s'est communiqué par les seuls gaz du pétrole répandu dans l'atmosphère.

Le peuple sait se conserver lui-même; avant l'arrivée de l'autorité, l'attaque du foyer est organisée avec une spontanéité et une intelligence extraordinaires par Auguste Maurel : le fléau circonscrit, on laisse brûler plus de 4,000 barils.

Les citoyens Albert et Cournet sont adjoints à la Commission des barricades, dès lors composée de neuf membres et de neuf ingénieurs divisés en trois groupes correspondant à trois secteurs, et dont les secrétaires sont MM. Louis Ulbach, Ernest Blum et Émile Raspail.

Le Gouvernement constitue à l'Hôtel-de-Ville une Commission des subsistances composée de Jules Simon, ministre de l'instruction, président; Jules Ferry; Gambetta, ministre de l'intérieur; Ernest Picard, ministre des finances, membre du gouvernement; Etienne Arago, maire de Paris, Magnin, ministre du commerce; Cernuschi, économiste; Sauvage, directeur du chemin de fer de l'Est, et Littré, membre de l'Institut.

A partir de mercredi, 28 septembre, la viande de 5oo bœufs et de 4,000 moutons, mise chaque jour à la disposition des habitants, sera vendue directement au consommateur pour le compte de l'État, par les bouchers inscrits aux mairies et se conformant au tarif établi par la taxe.

Francisque Sarcey demande la réouverture des cafés et des théâtres. « Chez les Parisiens, dit l'écrivain au large bon sens moliéresque, la gaîté est la compagne obligée de l'héroïsme. Nous n'avons pas le courage morne. Laissez-nous blaguer un peu, cela rafraîchit le sang. Prenez garde à l'énervement. Sachant le péril, nous avons confiance. Fils de Gaulois, nous voulons conserver au casque la vive et spirituelle alouette. »

Sarcey, Français de France, a raison et connaît son public.

Pour le sauvegarder de toute éventualité, Édouard Thierry fait empaqueter le Voltaire de Houdon, ornant le vestibule du Théâtre Français transformé en ambulance.

M. Lopez Franco, ministre de Nicaragua, quitte Paris en chaise de poste, emmenant les deux fils du président de la République qu'il représente à Paris et qui lui sont confiés.

Un puits artésien est percé cité Trévise.

La rue de l'Oratoire-du-Roule, devenue rue Billaut, devient rue Jules Favre.

200 canons écrasent Strasbourg, assiégé depuis quarante-six jours, à 5 heures du soir, on hisse le drapeau blanc. A 2 heures du matin, le colonel Ducasse et le lieutenant-colonel Mangin signent la capitulation.

Mercredi 28

DIXIÈME JOURNÉE

Statu quo militaire. Chacun, de son côté, s'installe et se fortifie. D'ailleurs, l'ennemi n'avance qu'avec défiance et lentement, nos reconnaissances nous l'apprennent.

Désormais, les portes de la place seront ouvertes à 7 heures du matin pour être fermées à 7 heures du soir ; nul ne pourra plus franchir les lignes avancées sans un laisser-passer émanant du Gouvernement de Paris ou du chef d'état-major général, et les crimes et délits commis par les gardes nationaux seront jugés par des conseils de guerre.

Le bruit se répand dans Paris de la reddition de Toul. On refuse d'y croire ; mais, hélas ! dans quelques jours, la nouvelle sera confirmée.

M. de Joinville est nommé lieutenant-colonel d'état-major de la Garde nationale.

Le Réveil, journal de Delescluze, le *Combat*, journal de Félix Pyat, la *Patrie en danger*, journal de Blanqui, d'autres organes encore, font une ardente campagne en faveur des élections municipales immédiates, question passionnant toutes les classes ; ces élections, fixées le 18 septembre au présent jour, étant reculées.

Dans une réunion, rue Aumaire, Ledru-Rollin, à propos exhumé, demande la Commune qui, seule, peut sauver la nation.

Gustave Courbet, président de la commission artistique préposée à la conservation des musées, demande : le déboulonnement de la colonne Vendôme, le changement des noms de rues rappelant nos victoires et la disparition de la statue de Napoléon du rond-point de Courbevoie.

L'*Électeur libre* publie la rectification suivante du citoyen Rousselet, qu'on avait dit mort des blessures par lui reçues dans l'engagement de Petit-Bry :

« Monsieur le rédacteur,

« Je viens de lire dans l'*Électeur libre* que je suis mort et que j'appartiens au 50° bataillon de la garde nationale. J'ai l'honneur de vous dire que mon âge seul m'empêche d'être garde national. J'appartiens à la France et, malgré les trois balles que j'ai reçues dans le corps, je ne dis pas adieu aux Prussiens, mais au revoir.

« J'ai été blessé le 22 septembre, à 2 heures et demie de relevée, au côté droit, à la cuisse *idem*, et la troisième qui m'a traversé les fesses. — Voilà la vérité.

« Je vous salue,

Rousselet.

« Saint-Mandé, ce 22 septembre 1870. »

Eh ! mais, c'est là tout simplement ce qu'on nomme l'héroïsme.

Insuffisance de la viande de boucherie.

—

Jeudi 29

ONZIÈME JOURNÉE

Brouillard.

Importantes reconnaissances en avant de Saint-Denis, de Villejuif et au Drancy.

Le capitaine de vaisseau Thomasset, commandant la flotille des canonnières de la Seine, appuie le déboisement de l'île de Billancourt opéré par les troupes du général Blanchard.

Nos forts continuent d'inquiéter les travaux de retranchement et d'attaque de l'ennemi.

M. Porion, commandant du fort du Mont-Valérien, est remplacé par le général d'artillerie Noël.

Les forts de Romainville, Noisy, Rosny, Ivry, Bicêtre et Montrouge sont sous les ordres du vice-amiral La Roncière Le Noury, commandant en chef des marins détachés à la défense de Paris.

Départ de l'aérostat *Etats-Unis*.

La Banque de France émet de nouveaux billets de 100, de 50 et de 25 francs.

Une société d'assurances mutuelles au capital de 100 millions s'organise, 108, rue Richelieu, contre les risques du siège.

18, rue de la Ferme-des-Mathurins, perquisition chez M. Zangiacomi, absent de Paris, par le nouveau commissaire de police du quartier Bonne-Nouvelle, M. Lu-

cien Dubois, qui saisit d'importants papiers parmi lesquels le dossier complet du complot de Blois.

M. Delesvaux, le célèbre président de la 6e chambre
aux beaux jours de l'empire, si couragement et spiri-
tuellement portraituré par André Gill sous les espèces
d'un « melon », meurt subitement.

Louis Veuillot stigmatise l'Empereur déchu d'un sur-
nom qui fait fortune; il l'appelle Napoléon le *Sédan-
taire*.

Le gouvernement réquisitionne le blé.

—

Vendredi 3o

DOUZIÈME JOURNÉE

Importantes actions combinées sur les deux rives de
la Seine où, partout, on trouve l'ennemi déjà formida-
blement fortifié.

Reconnaissances et combats à Villejuif, que nous
incendions, par 22,000 hommes des troupes du général
Vinoy : à l'Hay, que nous incendions également, où
nous avons 400 blessés et où, sur une compagnie de
chasseurs de 15o hommes, il en revient vingt; à Chevilly, dont le clocher, occupé par l'ennemi, est une
véritable forteresse, par le général de brigade de Guilhem qui est tué après avoir chassé l'ennemi et occupé
le village où le sportsmen prussien bien connu, le
baron Schickler, avait ses écuries servant de camp

retranché à l'ennemi; à Thiais, par le général Blaise.

A Chevilly, le vicomte de Castries, sous-lieutenant au 4e lanciers, est frappé à mort.

Le caporal Ardit, du 42e, qui, à lui seul, a sauvé le navire *L'Abbatucci*, a les deux mains emportées.

Si nos pertes sont considérables, celles de l'ennemi, habilement attiré dans un angle formé par les forts de Bicêtre et de Charenton, sont de beaucoup plus considérables encore.

Reconnaissances du général Ducrot vers Bougival, du général d'Exéa vers Créteil et du colonel de cavalerie de Pindray vers Bondy.

Les Prussiens ayant, comme toujours, été prévenus à temps, — ? — reconnaissance inutile du général Renault vers Bougival où, parti avec 25,000 hommes, 72 pièces de canon et 36 mitrailleuses, on eût pu, d'un coup de filet, s'emparer de 10,000 Prussiens installés à Rueil.

Toutes nos tentatives ont pour but de faire diversion, d'occuper l'assiégeant, pour arriver à faire sauter le pont de Choisy qu'il a rétabli et qui est, pour ses besoins, de la plus grande importance stratégique.

Le but poursuivi a-il été atteint? C'est ce qu'on ne sait pas encore à la fin de la journée.

Les ambulances de la Presse, sous la présidence du docteur Ricord, ont rendu les plus grands services. Dans la même journée, Mgr Darboy visite l'ambulance de la Presse de la rue Tournefort.

L'ennemi établit un camp retranché caché par le village de Chenevière, point le plus élevé du plateau de la Brie et qui commande deux grandes routes.

Au delà des 254 bataillons de garde nationale existants, toute formation de nouveaux bataillons est provisoirement suspendue, faute de fusils.

On lit dans le *Journal officiel :*

« Le Gouvernement a appris, par une dépêche venue de Tours en estafette, qu'après un séjour de quelques heures dans cette ville, M. Thiers est reparti pour Vienne, où il n'a dû s'arrêter que vingt-quatre heures. Il a dû arriver mardi à Saint-Pétersbourg. Nous croyons qu'il trouvera l'opinion publique très émue en faveur de la France. Même à la cour de l'Empereur, on juge avec sévérité l'obstination de la Prusse, et l'on se prononce de plus en plus pour le maintien absolu de l'intégrité de notre territoire. »

Gaston Tissandier part dans le ballon *Céleste*, emportant des cartes-poste.

Un puits est creusé dans la cour du Louvre.

Décret accordant délai de trois mois pour les loyers.

Suppression de la direction générale de l'Assistance publique dont le service est confié à l'autorité municipale.

Juges de paix et notaires des environs envahis sont autorisés à exercer à Paris à l'égard de leurs justiciables.

A dater du 1er octobre, retrait de la subvention aux théâtres.

Jules Mahias est nommé membre de la commission pour la taxe du pain.

Nécessité n'a pas de loi. La faim chasse le loup du bois. L'hippophagie forcée commence à fleurir.

Trente boucheries de cheval, trente *chevaleries,* sont

achalandées ; le cheval devient la plus belle conquête de l'estomac.

—

Samedi 1er Octobre

TREIZIÈME JOURNÉE

Pas d'hostilités en avant de nos positions de Villejuif.

Armistice de trente-six heures pour l'enterrement des morts et le pansement des blessés.

Le corps du général Guilhem, tué par un soldat perché dans un cerisier, est remis à la Société internationale de secours aux blessés après que les honneurs militaires lui ont été rendus par l'ennemi avec une grande solennité.

Reconnaissances heureuses sur Noisy, sur Bondy par les éclaireurs du commandant Poulizac et sur Drancy par les francs-tireurs du commandant Anquetil.

Proclamation du gouverneur de Paris au 13e corps d'armée, où l'on remarque ce passage :

« Soldats !

« Nous sommes engagés dans une lutte suprême où vous n'êtes plus les appuis d'une politique que la France a répudiée. La Prusse avait solennellement déclaré qu'elle ne prenait les armes que pour combattre cette politique. Mais elle a depuis longtemps levé le

masque. C'est l'honneur de la nation qu'elle veut humi-
lier, et son existence même qu'elle veut détruire. »

De fait, une certaine désillusion commence pour le
Prussien, à qui la *Gazette de Cologne* du 15 septembre
disait :

DANS HUIT JOURS NOUS SERONS A PARIS.

Autour, mais pas dedans.

Dedans, on est calme, prêt à toute patience comme à
tous sacrifices, attendant demain, et puis encore demain, et puis demain encore.

Et, comme pour se distraire, entre temps, peu à peu,
on nettoie les écuries d'Augias. On perquisitionne
chez les Piétri, chez les Conneau, chez les Conti, chez
les Clément Duvernois, et le ministre des finances fait
fondre à la monnaie l'argenterie trouvée aux Tuileries.

L'affiche suivante rassemble les foules :

MONT-DE-PIÉTÉ

Le maire de Paris s'empresse de porter à la connaissance de ses concitoyens le décret suivant :

« Le Gouvernement de la Défense nationale décrète :

« Les objets engagés au Mont-de-Piété depuis le
19 juillet 1870, consistant en vêtements, sommiers,
matelas, couvertures, pour un prêt n'excédant pas
15 francs, seront rendus aux déposants.

« Le ministre des finances est chargé de pourvoir à
la dépense qu'occasionnera l'exécution du présent
décret.

« Paris, le 1er octobre 1870. »

(Suivent les signatures).

Le maire de Paris est certain d'être l'interprète de la population parisienne en remerciant le Gouvernement de la sollicitude qu'il témoigne aux familles nécessiteuses, dont les chefs sont chaque jour sur les remparts pour la défense de la Patrie et de la République.

Hôtel-de-Ville de Paris, 1er octobre 1870.

Le maire de Paris,
ÉTIENNE ARAGO.

On taxe la viande de porc.
Le beurre salé est à 5 francs la livre.

SEMAINE FINANCIÈRE

Bourse, 5 o/o : 53 60; 4 1/2 : 79. — Banque, 2275. — Société générale, 449, 35. — Crédit foncier, 935, 40. — Crédit mobilier, 95. — Orléans, 810. — Nord, 975. — Est, 440. — Lyon, 855, 50. — Midi, 550. — Ouest, 480. — Suez, 245.

Dimanche 2

QUATORZIÈME JOURNÉE

« Citoyens,

» Le Gouvernement vous doit la vérité sans détours, sans commentaires.

» Les coups redoublés de la mauvaise fortune ne peuvent plus déconcerter vos esprits, ni abattre vos courages.

» Vous attendez la France, mais vous ne comptez que sur vous-mêmes.

» Prêts à tout, vous pouvez tout apprendre.

» Toul et Strasbourg viennent de succomber.

» Cinquante jours durant, ces deux héroïques cités ont essuyé, avec la plus mâle constance, une véritable pluie de boulets et d'obus.

» Epuisées de munitions et de vivres, elles défiaient encore l'ennemi; elles n'ont capitulé qu'après avoir vu leurs murailles abattues crouler sous le feu des assaillants.

» Elles ont, en tombant, jeté un regard vers Paris, pour affirmer, une fois de plus, l'unité et l'intégrité de la Patrie, l'indivisibilité de la République, et nous léguer, avec le devoir de la délivrer, l'honneur de les venger.

» Vive la France! Vive la République!

» Le ministre de l'intérieur,
» Léon Gambetta. »

Strasbourg ! Toul ! vaincues, livrées, captives !
Telle est la terrible nouvelle qui vient assombrir
les esprits, si sombres déjà.

Tous les journaux paraissent encadrés de deuil.

Le Gouvernement décrète que la statue de la Ville
de Strasbourg qui se trouve sur la place de la Concorde, sera coulée en bronze et maintenue sur le même
emplacement avec inscriptions commémoratives des
hauts faits de la résistance des départements de l'Est.

— Décret non exécuté.

Le soir, le bruit se répand de la défaite d'une
partie de l'armée de la Loire commandée par le
général de Polhès.

La nouvelle de l'entrée des troupes royales à Rome,
venue en même temps, laisse donc très indifférent.

On dit aussi Henri V en Bretagne.

Autour de Paris, pas d'événement militaire important.

Un obus du Mont-Valérien tue le général de
Treskow, chef du Cabinet militaire du roi de Prusse
et très influent sur l'esprit de ce souverain.

Reconnaissance, sur les hauteurs de Montretout, par les mobiles bretons et l'artillerie des
mobiles de Seine-et-Oise.

Victor Hugo adresse aux Parisiens une lettre très
lue, très remarquée, se terminant par cette phrase
demeurée célèbre :

« O Paris, tu as couronné de roses la statue de
» Strasbourg : l'histoire te couronnera d'étoiles ! »

Lundi 3

QUINZIÈME JOURNÉE

Aucun événement militaire. L'ennemi continue de se retrancher à grande distance de nos lignes. Nous continuons de le harceler. Nos jeunes soldats se forment rapidement.

Paris n'a plus à compter que sur Paris, Gambetta le lui a dit clairement hier. Cela ne fait qu'exciter son courage, qu'affermir sa résolution. Dès lors, l'industrie privée sera admise, et obligée au besoin, à fondre des canons.

En raison du décret sur le retrait gratuit de tous objets de literie engagés pour un prêt n'excédant pas 15 francs, rue des Blancs-Manteaux et rue Paradis-au-Marais, dix mille personnes assiègent le chef-lieu du Mont-de-Piété.

La somme à rembourser par l'Etat à cette administration atteindra environ un million.

Le 11e arrondissement décrète que, dans ses écoles, l'instruction sera désormais laïque.

Les clubs commencent à s'agiter véhémentement, demandant les élections municipales immédiates.

—

Mardi 4

SEIZIÈME JOURNÉE

Reconnaissance en avant du fort de Nogent.

Des mouvements importants de troupes ennemies se produisent. A la Malmaison, comme déjà à Sèvres, à Châtillon et au plateau de Villejuif, les Prussiens sont remplacés par des Wurtembergeois.

Porte de Sablonville, une torpille saute accidentellement, blessant une dizaine de personnes.

Le vicomte de Castries meurt des blessures qu'il a reçues le 3o septembre.

A l'*Officiel*, longue note rassurant les deux millions d'assiégés au sujet des bruits répandus sur ce qui se passe au dehors, notamment sur la Loire ; félicitant la population de son attitude et de la noble façon dont elle remplit son difficile et pénible devoir, l'engageant avant tout et par-dessus tout à l'union et lui montrant combien, devant cette résistance de Paris à laquelle il s'attendait peu, l'ennemi, étonné de trouver devant lui un peuple, se tient à respectable distance, se fortifiant, prudent, sans oser aucune attaque.

Les ministres de Grèce et des Etats-Unis de Colombie quittent Paris.

Le colonel Schœlcher est nommé membre de la Commission des barricades.

Un journal fait entendre que le départ d'un des membres les plus influents du Gouvernement est prochain.

Le nom de M. Gambetta reste sous-entendu.

Mais, précisément en raison du calme plat de l'atmosphère, il y a impossibilité de rien expédier, les aérostats ne pouvant partir.

Des Commissions sont instituées :

1° Pour examiner les réformes à apporter à la loi du 30 Juin 1838 et au régime des maisons d'aliénés; 2° pour étudier les questions se rattachant à l'enseignement communal à tous les degrés.

On loge les pauvres de la banlieue dans l'hôtel de Marguerite Bellanger, avenue Friedland.

Le mauvais vouloir des bouchers décide la municipalité à s'occuper de la répartition de la viande.

Le Gouvernement commence une enquête générale sur les ressources et les moyens d'existence de tous les habitants.

Paris s'impatiente, s'agite, s'énerve.

A onze heures du matin, huit bataillons, dix mille hommes armés, de Belleville et Ménilmontant, musique en tête et conduits par leurs commandants et capitaines, Flourens, Millière, etc., descendent à l'Hôtel-de-Ville. Les chefs sont reçus par les membres du Gouvernement, tous présents, sauf Rochefort.

Flourens prend la parole, réclamant des chassepots et des sorties, le rationnement égal pour tous et, surtout, les élections municipales immédiates.

Les réformistes sont éconduits par le général Trochu et Gambetta qui prêchent l'entente cordiale.

—

Mercredi 5

DIX-SEPTIÈME JOURNÉE

Brumes épaisses.

Le matin, canonnade intense des forts sur tous les points où l'on voit ou soupçonne des travaux ennemis.

Reconnaissance à Clamart et, en avant du fort de Charenton, sur Créteil, par le capitaine Lavigne.

Aux Invalides, obsèques du général Guilhem tué le 3o Septembre à Chevilly. Agé de 55 ans, le général laisse une veuve et deux jeunes enfants. Sa dépouille mortelle est emmenée à Valence d'Agen dans un fourgon des pompes funèbres, tout ayant été règlé avec l'ennemi pour le passage du convoi à travers ses lignes.

En présence de nombreux généraux et membres du Gouvernement, le général Trochu, profondément ému, prononce l'allocution suivante :

« Messieurs,

» A l'heure présente, l'appareil de la mort n'a rien qui doive nous effrayer. Notre devoir pour la plupart, notre avenir, pour tous, est là. Dans les circonstances où nous nous trouvons, les phrases de tradition et de convenance seraient déplacées.

« Je ne dirai qu'un mot devant le cercueil du général Guilhem : il a bien vécu, il s'est battu comme un brave, il est mort en soldat. Messieurs, je le recommande à votre souvenir ! »

Importante note de l'*Officiel* sur la situation créée, par l'incurie de l'Empire et la capitulation de Sedan, à la France et à nos armées. Appel au patriotisme, à l'ordre et à l'entente politique.

Dans une réunion publique à Ba-ta-clan, Ledru-Rollin déclare que, si le gouvernement ne fait pas procéder immédiatement aux élections municipales, « il faudra passer outre. »

Le corps des Cent-Gardes, créé le 24 mars 1854, est licencié.

L'usine Cail fond des canons à longue portée se chargeant par la culasse.

Vers midi et demi, 163, rue de Javel, impasse Durchon, explosion accidentelle de l'usine de produits chimiques Deplazanet, complètement anéantie. Tout est ravagé sur une superficie de 2,000 mètres. Treize morts, nombreux blessés. Dégâts dans tout le voisinage. Les vitraux de l'église de Grenelle volent en poussière.

Le bassin du square Montholon est rempli de pétrole.

Schlestadt (Bas-Rhin), dominant le chemin de fer reliant Strasbourg à Belfort, place forte commandée par le chef d'escadron de Reinach de Foussemagne, est investie.

—

Jeudi 6

DIX-HUITIÈME JOURNÉE

Brouillard intense empêchant toute observation.

Le général de Bellemare rend notre position inabordable en avant de Saint-Denis.

Importante reconnaissance conduite par le général Ducrot entre Chatou et Argenteuil par les tirailleurs et éclaireurs de la Seine, les tirailleurs des Ternes et les carabiniers de Neuilly.

Le lieutenant Mascret, des francs-tireurs des Lilas, est tué dans une reconnaissance sur Bondy.

Le capitaine Maury et le lieutenant Bec, du 8ᵉ bataillon de mobiles (commandant Léger), sont mis à l'ordre du jour.

Le Gouvernement transmet des nouvelles des départements signées Glais-Bizoin.

La province se lève, demandant « la guerre à outrance. »

Une autre dépêche de Tours du 1ᵉʳ octobre nous apprend, entre autres choses, que *la situation de Bazaine continue de demeurer excellente.*

Au nom du salut de la patrie qui dépend de l'ordre et de la discipline, note de l'*Officiel* contre les manifestations armées à l'Hôtel-de-Ville. « L'ennemi, s'arrêtant devant une résistance inattendue, n'espère qu'en nos discordes. Il en faut éviter jusqu'à l'apparence. » Autre note de l'*Officiel* faisant appel au patriotisme des journaux pour être plus discrets sur nos opérations militaires.

Faux départ de Gambetta qui, après s'être rendu à Montmartre et avoir fait essayer l'aérostat l'*Armand Barbès*, renonce à son voyage.

Le bruit se répand que le bombardement doit commencer le 9, dans trois jours.

Jules Simon prend toutes les précautions pour sauvegarder les collections du Louvre.

L'escadron des gendarmes d'élite est supprimé.

Décision ministérielle radiant la pension de 3,000 fr. allouée à MM. Ernest Feydeau et Octave Feuillet.

Le beurre est à 4 francs la livre.

Le roi de Prusse et l'Etat-Major arrivant à Versailles, M. de Bismarck s'installe dans la maison de Madame veuve J... rue de Provence 14.

—

Vendredi 7

DIX-NEUVIÈME JOURNÉE

Temps gris.

A 4 heures du matin, nos forts prouvent à l'ennemi que nous veillons.

Les marins du fort de Montrouge profitent de la nuit pour surprendre, capturer et incendier un important convoi de vivres, en avant de Thiais.

Le matin, le général Vinoy fait occuper Cachan.

Du Mont-Valérien, le général Noël envoie 2,000 hommes récolter 2,000 sacs de pommes de terre aux alentours.

On apprend qu'hier, à la faveur du brouillard, 115 personnes, derniers habitants de Saint-Cloud, sont rentrées à Paris conduites par le maire.

A 11 heures 10 minutes, de la place Saint-Pierre-Montmartre, départ des aérostats l'*Armand Barbès*, dirigé par M. Trichet et monté par Gambetta et Spuller emportant les premiers pigeons, et le *Georges Sand*, dirigé par M. Revilliard et monté par MM. May et Raynald, citoyens américains chargés d'une importante mission.

Gambetta emporte la proclamation suivante à l'adresse des départements :

« Français !

« La population de Paris offre en ce moment un spectacle unique au monde :

« Une ville de deux millions d'âmes, investie de toute part, privée jusqu'à présent, par la criminelle incurie du dernier régime, de toute armée de secours, et qui accepte, avec courage, avec sérénité tous les périls, toutes les horreurs d'un siège.

« L'ennemi n'y comptait pas. Il croyait trouver Paris sans défense : la capitale lui est apparue hérissée de travaux formidables, et, ce qui vaut mieux encore, défendue par 400,000 citoyens qui ont fait d'avance le sacrifice de leur vie.

« L'ennemi croyait trouver Paris en proie à l'anarchie : il attendait la sédition, qui égare et qui déprave, la sédition qui, plus sûrement que le canon, ouvre à l'ennemi les places assiégées.

« Il l'attendra toujours. Amis, armés, approvisionnés, résolus, pleins de foi dans la fortune de la France, les Parisiens savent qu'il ne dépend que d'eux, de leur bon ordre et de leur patience, d'arrêter pour de longs mois la marche des envahisseurs.

« Français ! c'est pour la patrie, pour sa gloire, pour

son avenir, que la population parisienne affronte le fer et le feu de l'étranger.

« Vous qui nous avez déjà donné vos fils, vous qui nous avez envoyé cette vaillante garde mobile, dont chaque jour signale l'ardeur et les exploits, levez-vous en masse, et venez à nous. Isolés, nous saurions sauver l'honneur; mais, avec vous, et par vous, nous jurons de sauver la France! »

Grande agitation dans tout Paris, sur les boulevards, notamment, où des orateurs improvisés commentent les nouvelles de la veille et de la journée, la reddition de Toul et le prétendu suicide du général Uhrich.

Cent cinquante femmes vont à l'Hôtel-de-Ville demander le remplacement des hommes par des femmes dans les ambulances pour augmenter le nombre des défenseurs du rempart.

Des jambons sont vendus 60, 80 et 100 francs.

—

Samedi 8

VINGTIÈME JOURNÉE

Sous le commandement du général Martenot, secondé des commandants Thierrard, de Ribeaux, Cholleton et Franchetti, reconnaissance sans résultat ou l'on pousse jusqu'à la Malmaison en passant par Nanterre et Rueil.

A Bondy, très chaude action menée par M. Barzignon, chef de bataillon d'infanterie de marine du fort de

Noisy et le colonel Lafon des éclaireurs de la Seine. Un mort, trois blessés.

Mise à l'ordre de l'armée par le général Ducrot du 8e bataillon de la Garde mobile-de la Seine, du commandant Léger, du capitaine Maury, du lieutenant Bec et des hommes de la 6e compagnie, pour un coup de main hardi exécuté l'avant-veille au Drancy.

Un bruit court : Bazaine serait débloqué.

Par des milliers d'affiches, apposées le matin même, Blanqui exhorte les citoyens à se réunir en armes, à l'Hôtel-de-Ville, pour demander la Commune.

600 gardes nationaux seulement répondent à cet appel. Mais des milliers de curieux se rendent à l'Hôtel-de-Ville.

Vers 3 heures, par une pluie torrentielle, et tandis que les canons de nos forts ont recommencé de tonner, après que les généraux Trochu et Tamisier, informés de cette manifestation, sont arrivés à l'Hôtel-de-Ville, très acclamés par la foule, les membres du Gouvernement de la défense nationale sortent du palais munipal. Monté sur une chaise, Jules Favre, chargé depuis le matin de l'intérim de l'Intérieur, prononce une mâle allocution qui met fin à l'agitation.

On cesse de crier vive la Commune pour crier vive la République et vive la France, et les bataillons défilent, sous l'œil du gouvernement, devant le général Trochu qui les passe en revue.

En raison même de ces démonstrations, le Gouvernement décide l'ajournement définitif des élections municipales jusqu'à la levée du siège.

La question des vivres s'aggrave. Plus de salaisons,

plus de comestibles qu'à prix d'or. L'âne, pour la première fois, apparaît sur le marché, à 80 centimes la livre.

Les boucheries municipales ont commencé de fonctionner dans le 6ᵉ arrondissement.

Désormais l'acheteur devra se présenter à une boucherie désignée, muni d'une carte délivrée à la mairie de son arrondissement.

Et désormais, chaque jour, pendant des heures entières, heures désolées, mortelles, dans le froid, sous la pluie, la neige ou les noirs projectiles, les pauvres femmes de Paris, les pieds dans la boue, le cœur avec ceux qui luttent, héroïnes obscures, frissonneront aux portes des boucheries, gagnant chèremeut la maigre pitance des vieiliards et des petits enfants. Plus tard, il leur faudra pareillement stationner aux épiceries, aux chantiers de bois et, à l'heure dernière, à l'instant psychologique, aux boulangeries.

Le recto des cartes de boucherie est réservé à l'inscription des nom et adresse de l'acheteur et au nombre de personnes à nourrir

Le verso est divisé en petits carrés dont chacun, portant date, représente un jour et sur lequel, à chaque livraison de viande, est apposée une estampille : B. M., *Boucherie Municipale.*

SEMAINE FINANCIÈRE

Bourse, 4 1/2 0/0, 77 50 ; 3 0/0, 51 90. — Banque, 2,300. — Société générale, 487 50. — Orléans, 795. — Nord, 780. — Est, 420. — Lyon, 835. — Midi, 530. — Ouest, 475. — Suez, 245.

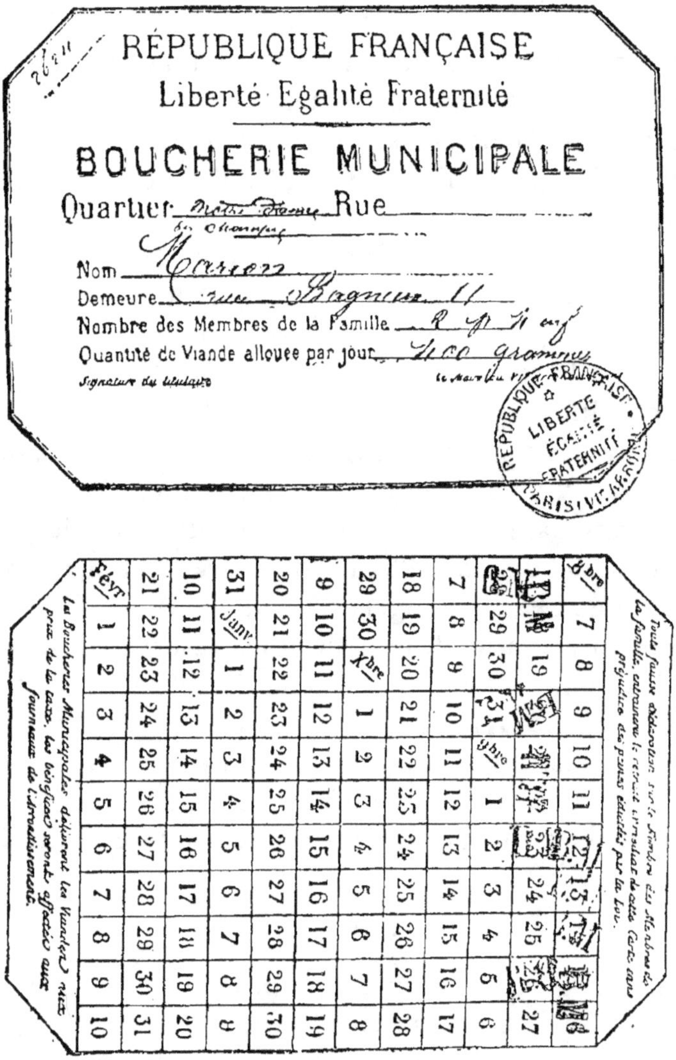

RÉPUBLIQUE FRANÇAISE

Liberté · Égalité · Fraternité

BOUCHERIE MUNICIPALE

Quartier _Notre-Dame des Champs_ Rue _______________

Nom _Marion_

Demeure _rue de Bagneux, 11_

Nombre des Membres de la Famille _[2]_

Quantité de Viande allouée par jour _400 grammes_

Signature du titulaire   Le Maire du [VIe] arr.

(Left margin, printed:) Les Boucheries Municipales délivrent les Viandes au prix de la taxe. Les vignettes seront effacées au fur [et à mesure des] fournitures de l'arrondissement.

(Right margin, printed:) Toute fausse déclaration sur le nombre des Membres de la famille entraîne le retrait immédiat de cette Carte sans préjudice des peines édictées par la loi.

Coupon calendar (the printed day-numbers; one column is obscured by a cancellation stamp):

Févr			Janv			Xbre			9bre	8bre	8bre
1	21	10	31	20	9	29	18	7	29	[illegible]	7
2	22	11	1 (Janv)	21	10	30	19	8	30	[illegible]	8
3	23	12	2	22	11	1 (Xbre)	20	9	31	[illegible]	9
4	24	13	3	23	12	2	21	10	1 (9bre)	[illegible]	10
5	25	14	4	24	13	3	22	11	2	[illegible]	11
6	26	15	5	25	14	4	23	12	3	[illegible]	12
7	27	16	6	26	15	5	24	13	4	[illegible]	13
8	28	17	7	27	16	6	25	14	5	[illegible]	14
9	29	18	8	28	17	7	26	15	6	[illegible]	15
10	30	19	9	29	18	8	27	16	7	[illegible]	16

FAC-SIMILE D'UNE CARTE DE BOUCHERIE

Dimanche 9

VINGT-ET-UNIÈME JOURNÉE

De part et d'autre, la poudre se tait.

Silence menteur du côté de l'ennemi, qui ne se tient coi que pour se mieux installer, établissant de formidables batteries sur toute la rive gauche, d'Ivry à Sèvres, et, particulièrement à Clamart.

Pluie torrentielle dont se réjouissent les assiégés en pensant aux Prussiens et à leurs ouvrages d'investissement qui ne peuvent qu'en souffrir.

Sapia, commandant du 146ᵉ bataillon, arrêté par ses propres soldats qu'il excitait à l'insurrection contre le Gouvernement, est déféré au conseil de guerre de la garde nationale, complètement organisé et qui commence à fonctionner.

L'évènement de la journée est une lettre de Rochefort au major Flourens qui l'avait vivement engagé à démissionner.

« Paris, le 9 octobre 1870.

» Mon cher Flourens,

» Vous me pressez de donner ma démission de membre du Gouvernement.

» J'ai accepté à mon corps défendant la mission ; mais, la démission, ai-je bien le droit de la donner ? Voilà la question.

» J'ai demandé les élections municipales et bien d'autres choses encore. Je regrette qu'on ne les ait pas faites dans les premiers jours de la République. Aujourd'hui, la question de la Commune est devenue un champ de bataille, et si j'avais soulevé sur cet incident une question de cabinet, qui vous dit qu'à cette heure on n'entendrait pas à la fois des coups de canon sur les remparts et des coups de fusil dans les rues ?

» Je suis descendu presque dans les sous-sols les plus impénétrables de ma conscience, et je suis remonté en me disant que mon départ pourrait provoquer un conflit et que, provoquer un conflit, c'était ouvrir une brèche aux Prussiens.

» Voilà pourquoi j'ai souscrit à l'ajournement des élections. Depuis vingt ans, l'Empire nous ajourne : Ayons la patience d'allonger la courroie jusqu'après la levée du siège.

» Vous m'objecterez, mon cher et excellent ami, que je capitule avec mes convictions ; si cela est, vous m'excuserez, car c'est pour ne pas capituler avec l'ennemi.

» Dans les circonstances actuelles, une démission serait peut-être le prélude d'un désastre. Vous le savez bien, vous qui avez patriotiquement retiré la vôtre.

» Je fais taire mes instincts politiques. Que nos braves amis de la première circonscription laissent sommeiller les leurs. Le moment venu, c'est-à-dire le Prussien parti, nous saurons bien nous retrouver tous.

» Mille embrassements fraternels.

» Henri Rochefort. »

Nouveau décret relatif aux loyers, accordant facilités et délais en raison des circonstances.

On continue d'établir de nouvelles boucheries municipales.

—

Lundi 10

VINGT-DEUXIÈME JOURNÉE

Changement subit du temps qui, de diluvien, devient
très sec.

Feu suivi du Mont-Valérien.

Sur la route de Versailles, passage d'un long et important convoi prussien, malheureusement hors de
portée des forts de Bicêtre et de Montrouge.

Nombreux mouvements des troupes ennemies en
avant de nos lignes du Sud.

Le soir, sous les ordres du général Blanchard, les
mobiles de la Côte-d'Or, commandés par le capitaine
Hébrard, occupent et mettent en état de défense la
maison Millaud, fabrique d'engrais servant d'avant-
poste à l'ennemi et menaçant Cachan.

A découvert contre un ennemi caché, brillante et vigoureuse action des compagnies de ligne des redoutes
de la Boissière, Montbreuil et Noisy.

Au fort de Nogent, les mobiles ne cessent de jouer
la *Marseillaise* sur un magnifique piano Erard qu'ils y
ont amené après l'avoir disputé à l'ennemi dans une
reconnaissance.

A Billancourt, sous l'œil même de l'ennemi, campé
sur l'autre rive, l'abbé Lacroix, vicaire de Billancourt

et aumônier du 2ᵉ bataillon de l'Aube, dit la messe aux mobiles de ce département et à ceux du Loiret.

Sur cinq pigeons, partis en même temps que Gambetta, deux seulement, Gros-Rouge et Gris-Meunier reviennent au pigeonnier de M. Janody, boulevard des Batignolles.

Un troisième est retrouvé blessé sur le toit de la Bibliothèque Nationale.

Le Gouvernement transmet la dépêche suivante de Gambetta, arrivée par les messagers ailés :

» Montdidier (Somme), 8 h. du soir.

» Arrivé après accident en forêt à Epineuse. Ballon dégonflé.

» Nous avons pu échapper aux tirailleurs prussiens et, grâce au maire d'Epineuse, venir ici, d'où nous partons dans une heure pour Amiens, d'où voie ferrée jusqu'au Mans et à Tours. Les lignes prussiennes s'arrêtent à Clermont, Compiègne et Breteuil, dans l'Oise.

» Pas de Prussiens dans la Somme.

» De toutes parts on se lève en masse. Le gouvernement de la défense nationale est partout acclamé.

» *Le ministre de l'Intérieur, par intérim,*

» JULES FAVRE. »

Condamnation à mort de cinq des fuyards de Châtillon.

A l'Hôtel-de-Ville, avortement d'une nouvelle manifestation fomentée par Flourens, qui fait illégalement battre le rappel sur plusieurs points et que le général Tamisier oblige de rentrer dans la légalité, en lui faisant savoir qu'il ne peut commander en chef qu'*un seul* bataillon et non cinq.

Après avoir proposé la suppression de la préfecture de police, M. de Kératry donne sa démission de préfet de police. Il est remplacé par M. Edmond Adam. — 47 commissaires de police et 150 employés de la préfecture de police sont révoqués.

Le cautionnement des journaux est aboli.

Mort de l'acteur Félix, le Desgenais du Vaudeville.

On ne trouve plus de légumes frais. Tous les squares de la capitale sont transformés en maraîchers.

—

Mardi 11

VINGT-TROISIÈME JOURNÉE

Pluie abondante.

Aucune action militaire.

Rapport du Gouvernement réglant et limitant l'organisation des corps francs dus à l'initiative nationale.

Départ de l'aérostat le *Louis Blanc*, conduit par le matelot Farcot et par M. Eraclet.

Place de l'Hôtel-de-Ville, foule énorme. Il s'agit aujourd'hui de voir passer et de saluer comme il convient un important convoi de vivres dont les fourgons, attelés de chevaux de notre cavalerie et de fabrique française, pris à Sedan par l'ennemi, ont été repris par nous aux environs de Bondy.

Cinquante hommes armés du fusil américain et composant le corps franc des *Volontaires de la Mort* sont logés rue de Courcelles dans l'hôtel de la princesse Mathilde.

Toute la garde nationale est consignée dans ses quartiers.

Le théâtre de la Gaîté est transformé en un immense atelier de confection de linge pour les hôpitaux.

M. de Kératry est chargé d'une mission par le ministère des affaires étrangères.

Au gymnase Triat, réunion des femmes dans le but de constituer un bataillon de *Zouaves Amazones des Remparts*, singulier front de bandière qui est interdit.

Plus d'omnibus après 10 h. 35.

Un nouveau délai d'un mois est accordé aux effets de commerce.

Le monde galant perd la célèbre Julia Barucci.

—

Mercredi 12

VINGT-QUATRIÈME JOURNÉE

Pluie torrentielle.

Reconnaissance du lieutenant-colonel Reille et du commandant de Foucaut sur Avron avec les mobiles du Tarn; du général Ducrot sur la Malmaison avec les mobiles du Morbihan et les éclaireurs Dumas et Lopez, et du général Vinoy sur Rueil et Gennevilliers.

La nuit, la canonnière Farcy détruit la lanterne de Démosthènes.

A midi et demi, une bombe du Mont-Valérien met le feu au château de Saint-Cloud occupé par l'ennemi.

Sous le feu prussien, mais sans coup férir, récolte de légumes entre Châtillon et Clamart.

— Chacun va au marché comme il peut !

Jules Ferry félicite les gardes nationaux de Belleville dans une lettre au maire du 20ᵉ arrondissement.

A 7 h. 45, départ du *Washington*, dirigé par Berthaux, monté par Lefaivre et Cassiers, citoyens belges, emportant 30 pigeons voyageurs.

Les aérostats le *Lafayette* et le *Godefroy Cavaignac* sont fendus par la rafale.

Taxile Delord, Laurent Pichat et Ludovic Lalanne sont nommés membres de la Commission des papiers saisis aux Tuileries, Commission dont M. André Lavertujon est président.

Publication du 8ᵉ fascicule de ces papiers contenant de très intéressantes lettres du général Ducrot au général Frossard sur les plans de la Prusse.

Apparition des premiers timbres-poste à l'effigie de la République française.

On sale de la viande de cheval.

Verdun est bombardé et le sera le 14 et le 15.

—

Jeudi 13

VINGT-CINQUIÈME JOURNÉE

Dans le but d'inquiéter l'installation ennemie sur la rive gauche, comme aussi de se rendre un compte exact de ses forces, reconnaissance par le 13e corps, sous les ordres du général Vinoy.

Brillantes opérations des généraux Blanchard sur Clamart, Susbielle sur Châtillon, et du colonel de Grancey sur Bagneux, enlevé par les mobiles de la Côte-d'Or, et où l'ennemi laisse plus de 1.200 tués ou blessés.

Nous faisons plus de cent prisonniers bavarois.

M. de Dampierre tombe mortellement frappé en entrant dans Bagneux à la tête du 1er bataillon de l'Aube et meurt dans la soirée, en héros et en chrétien, entre les bras du R. P. Houlès, des Dominicains d'Arcueil, à l'âge de trente-trois ans.

Les marins du fort de Montrouge prennent brillamment part à l'action sous le commandement du capitaine de frégate de Andie.

L'adjudant-major Lebrun, le capitaine Crucerey et le sergent Moyne se distinguent particulièrement.

Le sous-lieutenant Lherminier et le soldat Robert, du bataillon des Gardiens de la paix sont tués. Au nom de ses hommes, le chef de bataillon commandant Veret refuse toute récompense, chacun se trouvant satisfait d'avoir servi la patrie.

Le 10e bataillon de la Garde nationale offre au Gouvernement un canon, produit d'une souscription.

M. Hérisson, maire du 6e arrondissement, est nommé adjoint au maire de Paris.

A Passy et Vincennes, on fait du charbon de bois.

—

Vendredi 14

VINGT-SIXIÈME JOURNÉE

En avant de nos forts du Sud, de 11 heures à 5 heures, armistice pour donner aux Prussiens le temps de relever leurs morts.

A Rueil, coup de main heureux des éclaireurs Thierrard qui surprennent de forts détachements ennemis et tuent une vingtaine d'hommes.

Reconnaissance sur Créteil afin d'approvisionnement de blés, avoines et paille.

Rapport du général Vinoy relatif à l'important fait d'armes de la veille sur la rive gauche. Nous avons environ 30 morts et 80 blessés. La violence de la canonnade a brisé toutes les vitres de l'hôpital de Bicêtre.

Deux canons monstres portant à environ 10.000 mètres sont installés au Mont-Valérien. Des obus envoyés de ce fort ont ravivé et achevé l'incendie du château de Saint-Cloud, dont il ne reste plus pierre sur pierre.

On transforme les bateaux-mouches en canonnières.

Lettre du Gouverneur au maire de Paris sur la mobilisation des bataillons de la garde nationale.

Dufaure est nommé président du conseil de révision de la garde nationale.

Par décret, on prend des précautions contre l'indignité possible de l'épaulette.

Sapia choisit Me Lachaud pour défenseur.

M. Biesta, directeur du comptoir d'Escompte, meurt des suites d'une amputation.

Départ des ballons-poste le *Gay-Lussac*, emportant M. de Kératry et le *Guillaume Tell* monté par MM. G. Tissandier, Roux et Ferrand.

Rapport de M. Antonin Proust sur les 113 communes de Seine-et-Oise et Seine-et-Marne afin de protection à leurs habitants réfugiés dans Paris.

Eugène Paz est chargé d'un rapport sur l'enseignement gymnastique et militaire dans les lycées.

Gustave Chaudey est nommé maire du 9ᵉ arrondissement en remplacement de Ranc démissionnaire.

Victor Hugo publie une nouvelle édition des *Châtiments* enrichie de trois superbes pièces.

M. Edouard Portalis, directeur du journal la *Vérité*, publie un numéro à sensation ou, sous forme de questions, il accuse le gouvernement d'avoir repoussé d'avantageuses propositions d'armistice faites par M. de Bismarck et de cacher aux assiégés ce qui se passe au dehors, les désastres de nos armées de secours, l'insurrection de Lyon, la capitulation de Bazaine, etc.

Aux gares du Nord et de l'Est, la force motrice des locomotives est employée à moudre du grain.

La viande est rationnée dans les vingt arrondissements.

Le général Boyer, 1ᵉʳ aide de camp de Bazaine, arrive comme négociateur à Versailles.

—

Samedi 15

VINGT-SEPTIÈME JOURNÉE

Heureuses opérations sur Bondy, Bobigny, le Raincy afin d'approvisionnement. Les éclaireurs Lafon en profitent pour ouvrir un vive fusillade sur les bords du canal de l'Ourcq. M. Germain, enseigne de vaisseau, se distingue. Le capitaine Burtin est tué. Les Prussiens arborent le pavillon blanc, demandant armistice pour relever leurs morts et leurs blessés.

Sous les ordres du commandant de Pindray, formation de compagnies de pourvoyeurs chargés, moyennant 1 franc, ou 75 centimes avec vivres de campagne, de faire récolte dans les environs sous la protection militaire.

En présence du général Trochu et de son état major, à la Madeleine, l'abbé Duguerry donne l'absoute aux funérailles du comte Picot de Dampierre.

M. André Cochut est nommé directeur du Mont-de Piété en remplacement de M. Ledieu.

M. Delvincourt est nommé receveur central de la Seine, en remplacement de M. Sapia, démissionnaire.

M. Edouard Portalis est arrêté pour publication de nouvelles compromettant les intérêts de la Défense nationale.

Le *Tribun*, journal ultramontain, publie son premier numéro.

Boulevard de Clichy, les mobiles bretons organisent un bal-concert.

Le prix des vivres continue de monter. Le beurre est à 22 fr. le kilo, les pommes de terre à 4 fr. 50 le boisseau. Une anguille a été vendue 10 francs ; un brochet 40 francs.

SEMAINE FINANCIÈRE

Bourse. — 3 0/0 : 52 90 ; 4 1/2 : 80 — Banque, 2,270 — Crédit foncier, 895 — Crédit mobilier, 95. — Orléans, 881 50. — Nord, 980. — Est, 405. — Lyon, 835 — Midi, 315. — Ouest, 478. — Suez, 245.

—

Dimanche 16

VINGT-HUITIÈME JOURNÉE

Pluie fine et continue.

Reconnaissance du général Berthaud sur Colombes.

A Créteil, nos éclaireurs repoussent une attaque des Prussiens.

Départ des aérostats le *Jules Favre*, monté par Louis Godard, M. Malapert et deux secrétaires de M. de Kératry, et le *Jean Bart*, monté par M. Labadie et deux voyageurs.

Douloureuse émotion produite par un numéro du *Journal de Rouen* du 10 octobre, apprenant à Paris les progrès de l'invasion et publiant diverses mauvaises nouvelles, d'ailleurs contradictoires, sur la situation de Bazaine et de Bourbaki. M. Thiers, au dire de la même feuille, serait, le même jour, arrivé à Vienne.

Une compagnie de garde nationale mobile de 150 hommes est formée dans chaque bataillon de garde nationale sédentaire. L'engagement est volontaire.

Place de l'Hôtel-de-Ville, Étienne Arago passe en revue le 19e bataillon de garde nationale.

M. Bertillon est nommé maire du 5e arrondissement. Mottu, maire du 10e, est révoqué.

—

Lundi 17

VINGT-NEUVIÈME JOURNÉE

Quelques obus du fort de Nogent *expulsent* les Prussiens de la pépinière de la Ville de Paris.

Sur la demande de l'état-major, désireux d'avoir des nouvelles du dehors, les francs-tireurs des éclaireurs de la Seine et les éclaireurs de la Presse font, en avant du Bourget, une reconnaissance où, en vingt minutes, ils enlèvent trois avant-gardes et se replient sur Paris avec 28 prisonniers qu'ils épargnent.

En conséquence, l'état-major français notifie aussitôt à l'état-major prussien que, désormais tous les corps francs, embrigadés, devront être tenus comme belligérants ou qu'à l'avenir, ils n'épargneront plus ceux qui leur tomberont aux mains.

Adhésion immédiate de l'état-major prussien qui, à dater de ce jour, cesse de considérer les corps francs comme espions et de les traiter comme tels, c'est-à-dire de passer par les armes aussitôt que pris, les hommes appartenant à ces corps.

L'entrée des forts est interdite à quiconque n'y est appelé par le service militaire.

L'aérostat *La Liberté*, construit par M. de Fonvielle, est enlevé par le vent avant d'être monté.

Violent incendie dans la direction d'Argenteuil.

M. Brisson est nommé adjoint au maire de Paris.

A 3 heures, en l'église de Belleville, quatre mille citoyens rendent les honneurs funèbres au capitaine Burtin et aux soldats Blondeaux et Benoit de la 5ᵉ compagnie du 3ᵉ des éclaireurs Lafon, glorieusement tombés à Bondy.

Au cimetière, M. Brisson, adjoint au maire de Paris et représentant la municipalité, le colonel Lafon et le plus ancien capitaine de la compagnie prononcent quelques paroles émues. L'abbé Testory, aumônier du régiment des éclaireurs, est présent.

Proclamation du maire de Paris ouvrant une souscription nationale, la défense de la Ville exigeant 1,500 canons se chargeant par la culasse et devant revenir à neuf millions.

Rapport du gouvernement résumant l'effort prodigieux fait en quelques semaines pour rendre inexpugnable l'immense ville jugée hors d'état de se défendre.

Traduction, d'après le *North German Correspondant*, d'un important rapport de M. de Bismarck sur ses deux conférences avec Jules Favre à Haute-Maison près Montry et à Ferrières, document auquel répondent et Jules Favre et le général Ducrot.

Après le départ du nonce du pape, départ du ministre de Colombie.

L'ex-impératrice Eugénie réclame des dentelles, châles, robes, ombrelles, éventails, gants, tapisseries commencées et autres objets, laissés aux Tuileries par elle et ses dames d'honneur. Aux soins de l'ambassade d'Autriche, ces chiffons lui sont expédiés par le gouvernement.

Aux Halles, un marchand de fromages, reconnu pour un accapareur, n'échappe à la colère des foules que grâce à la force armée.

—

Mardi 18

TRENTIÈME JOURNÉE

Reconnaissance hardie en avant des forts de Rosny et de Nogent, par les mobiles de la Drôme, commandant Ralète ; de la Côte-d'Or, commandant Dupuy ; du Tarn, commandants Faure, de Foucaut et Faramond, sous la direction du lieutenant-colonel Reille sur le Raincy, Villemomble, le parc de Launay, Avron, Maison-Blanche, Bois-de-Neuilly et Neuilly-sur-Marne.

L'ennemi a complètement évacué Créteil.

De Colombes, la brigade Berthaut bombarde Argenteuil, soutenue par la batterie de Courbevoie inquiétant les pentes de Sannois.

Le Mont-Valérien, la batterie Mortemart et les batteries du Point-du-Jour (6e secteur), inquiètent les travaux ennemis de Montretout.

Les forts de Vanves et d'Issy mitraillent Châtillon, l'ennemi ayant tenté des attaques demeurées inutiles sur un poste de mobiles de Cachan.

Léonce Sellier, 5e compagnie, 7e bataillon, 2e régiment des mobiles de la Seine, qui, dimanche dernier, avait tué deux ennemis et rapporté leurs armes, a enlevé hier un factionnaire bavarois après avoir essuyé son feu.

Neuilly, où se trouve le quartier-général du général Ducrot, et Saint-Denis, sont en complet état de défense.

Partie de la forêt de Bondy est en feu.

Des pigeons apportent des nouvelles de Tours, signées Gambetta.

Thiers va arriver à Tours.

Bourbaki y est déjà, venant mettre son épée au service de la République et apportant des nouvelles de Metz où, sous les ordres de Bazaine, 90,000 hommes font des prodiges.

Les Prussiens ont marché sur Orléans.

A Lyon, le calme est rétabli.

Malgré l'occupation de Mulhouse, le général Cambriels se maintient solidement de Belfort à Besançon.

La province et l'Europe sont pleines d'admiration pour la résistance aussi inattendue qu'héroïque de Paris.

Le ballon le *Jean-Bart* est heureusement arrivé à Nogent-sur-Seine, ainsi que tous les autres ballons partis de Paris : Ranc, Ferrand, Tissandier, Lefaivre, Kératry sont à Tours.

A midi, du jardin des Tuileries, rendu à la circulation, est parti l'aérostat le *Victor Hugo,* monté par M. Nadar.

Ordonnance de non-lieu est rendue dans l'affaire intentée à Flourens.

Arthur de Fonvielle est nommé maire du 10e arrondissement en remplacement de Mottu ; MM. Touvenant et Ducheux, adjoints.

Bombardement de Schlestadt.

—

Mercredi 19

TRENTE-ET-UNIÈME JOURNÉE

Feu nourri de la Faisanderie, des forts de Charenton, de Vanves et surtout d'Issy.

14e CORPS D'ARMÉE

ORDRE

Le général en chef s'empresse de porter à la connaissance du corps d'armée un acte de généreux et audacieux dévouement qui fait grand honneur à son auteur.

Un messager de l'armée, surpris par un poste prussien, avait eu sa barque coulée par la fusillade ennemie, en passant de la rive droite de la Seine sur l'île Marande.

Le malheureux, ne sachant pas nager, est resté quarante-huit heures dans l'île.

Le caporal Lecomte, du régiment des zouaves de marche, n'a pas hésité à se jeter à la nage pour aller à son secours. Ayant trouvé sur la rive un tonneau, il a placé le messager dessus et l'a ramené à notre rive, entraînant le tonneau à la nage.

A l'aller et au retour, il a été tiré sur lui par les postes prussiens quelques coups de fusil qui, heureusement, ne l'ont pas atteint.

Le général en chef adresse ses cordiales félicitations au caporal Lecomte et ordonne qu'il sera promu sergent à la date de ce jour.

Quartier général, le 18 octobre 1870.

Steenackers, directeur des télégraphes à Tours, espère pouvoir renvoyer des ballons à Paris « d'un instant à l'autre ». Vif espoir ! Vaine espérance !

Départ de la gare d'Orléans, du *Lafayette*, aéronaute Joss, monté par deux voyageurs dont M. Antonin Dubost, ex-secrétaire général de la préfecture de police, chargé d'une mission à Tours, et emportant des lettres et cinq pigeons.

Le directeur de Sainte- Pélagie est révoqué.

Décret réquisitionnant les fourrages.

—

Jeudi 20

TRENTE-DEUXIÈME JOURNÉE

Nos forts de l'ouest continuent leur feu sur les travaux ennemis de Montretout et de Garches.

Les Prussiens s'étant réfugiés en campement sous le tunnel du chemin de fer de Saint-Cloud et s'y croyant à l'abri de tout, y sont surpris pendant la nuit par des obus du Mont-Valérien lancés à l'entrée du tunnel et dont les ricochets font un effroyable carnage.

Le bruit court de la mort de Mac-Mahon.

L'aérostat le *Victor Hugo* est arrivé en Belgique.

L'aérostat le *Garibaldi* ne peut partir en raison de la brise qui le pousserait vers Strasbourg.

Décret autorisant fondation de la société d'assurance mutuelle en cas de décès des gardes nationaux.

Napoléon-Gallois est nommé directeur de Sainte-Pélagie.

Louis Asseline est nommé maire du 14ᵉ arrondissement en remplacement de Ducoudray, démissionnaire — MM. Rouillard et Héligon sont nommés adjoints.

Les vivres continuent de se raréfier.

On pêche dans les lacs du bois de Boulogne.

—

Vendredi 21

TRENTE-TROISIÈME JOURNÉE

Abaissement subit de la température; l'hiver se fait pour la première fois sentir.

Une des journées glorieuses du siège.

Sortie du général Ducrot sur Rueil, la Malmaison, La Jonchère et Buzenval. — Dès le matin, feu nourri du Mont-Valérien, de la canonnière Farcy et des batteries Mortemart, soutenant divers engagements partiels. — A 2 heures, action générale des troupes et attaque formée en trois groupes.

1° — Général Berthaut, 3,000 hommes d'infanterie, 20 bouches à feu, 1 escadron de cavalerie: destiné à opérer entre le chemin de fer de Saint-Germain et la partie supérieure du village de Rueil.

2° — Général Noël, 1,350 hommes d'infanterie, 10 bouches à feu: destiné à opérer sur la côte sud du parc de la Malmaison et dans le ravin qui descend de l'étang de Saint-Cucufa à Bougival.

3° — Colonel Cholleton, 1,600 hommes d'infanterie, 18 bouches à feu, 1 escadron de cavelerie: destiné à prendre position en avant de l'ancien moulin au-dessus de Rueil, à relier et à soutenir la colonne de gauche.

En outre, deux fortes réserves, disposées, l'une à gauche, sous les ordres du général Martenot, composée de 2,600 hommes d'infanterie et de 18 bouches à feu ; — l'autre au centre, commandée par le général Paturel, composée de 2,000 hommes d'infanterie, de 28 bouches à feu et de 4 escadrons de cavalerie.

Nos troupes, qui ont devant elles la 9e division du 5e corps prussien, une fraction du 4e corps et un régiment de la garde, occupent Saint-Cloud, Montretout, Garches.

Le parc de la Malmaison est occupé par la compagnie des tirailleurs de la Seine, capitaine Dumas (deux morts, Georges et Cuvillier; deux blessés, Chemin et Blaise), par le 3e zouaves, le 36e régiment de marche de ligne, le 22e de ligne et les 1er et 7e bataillons des mobiles de la Seine.

Le feu cesse quand vient la nuit, vers cinq heures.

Excellente journée dont le but est atteint, les premières positions de l'assiégeant ayant été enlevées et les forces considérables que nous avons obligé l'ennemi de faire entrer en ligne ayant été exposées durant tout le jour au feu de notre artillerie.

Nous comptons 443 hommes tués, blessés ou disparus. Les pertes de l'ennemi sont considérables.

Nos ambulances, qui ont pu disposer de 200 voitures, ont fait leur devoir. Sont à leur poste les docteurs Ricord, Demarquay, Champollion, chirurgien en chef de la garde mobile, ainsi que Mgr Bauër.

Les hommes sont presque tous blessés aux jambes.

Reconnaissances du général Vinoy sur Ivry et Issy et du général de Bellemare sur Gennevilliers et Colombes.

M. Jules Arnould, directeur du *Journal de la guerre,* âgé de 39 ans, trouve une mort glorieuse devant Champigny.

Sous les ordres du capitaine Proust, très heureuse reconnaissance à Villemomble par la compagnie des carabiniers du 48e bataillon (commandant Leclaire) qui a cinq blessés : MM. Camuzat, Pachol, Paillard, Thibaudier et Faivre.

Les carabiniers du 14e bataillon, capitaine Vresse, commandés par le sous-lieutenant Prullière du 5e régiment de marche et le capitaine Bizot, ont deux morts, Arnoult et Barbarin et trois blessés, Prullière, sous-lieutenant, Maltère et Bourlier.

A Créteil et à Maisons-Alfort, reconnaissance protégeant l'approvisionnement.

M. Portalis est mis en liberté.

Le commandant Sapia comparaît devant le conseil de guerre du 6e secteur.

Mort de l'imprimeur Serrière.

On vend pour la consommation les volailles et les gibiers du jardin d'acclimatation.

—

Samedi 22

TRENTE-QUATRIÈME JOURNÉE

Trève. Chacun ramasse ses morts. 100 omnibus sont requis pour le transport des blessés.

La nuit, l'ennemi attaque notre ligne de défense de la Maison-Millaud au moulin de Cachan. Les mobiles du Puy-de-Dôme lui tiennent vaillamment tête, soutenus par le redoute de Villejuif et les forts de Bicêtre et de Montrouge : ce dernier démantèle une fois de plus les ouvrages d'artillerie que les Prussiens s'acharnent à établir à l'Hay.

Rapport du général Ducrot sur l'importante journée de la veille.

Ordre du Gouverneur de Paris félicitant le 14e corps et particulièrement l'artillerie.

Sont décorés :

Le chef d'escadron Franchetti, M. Buloz, capitaine d'artillerie et M. Brunet, aide de camp du général Trochu.

Une dépêche de Tours nous apprend que Gambetta part pour Besançon et que M. Victor Arago a été tué dans un des combats livrés en avant d'Orléans.

Importante lettre de Jules Favre au maire de Paris touchant la mobilisation de la garde nationale.

Décret relatif au roulement dans les cours d'appel et les tribunaux où existent plusieurs chambres.

A 11 heures 30, l'aérostat *Le Garibaldi* part des Tuileries emportant M. de Jouvencel, des lettres et des pigeons.

Le lycée Bonaparte, ancien collège Bourbon, s'appellera désormais lycée Condorcet.

360 cas de variole ayant été constatés dans la dernière semaine, on vaccine à l'École de Médecine.

L'absinthe est interdite dans les cantines sur toute la ligne des remparts.

Les caveaux du Panthéon servent de magasin à poudre et l'église Sainte-Geneviève est fermée.

Les 500,000 francs offerts par l'Angleterre, et apportés par le colonel Lindsay, seront employés à ravitailler les ambulances.

Sapia est acquitté.

Plus de beurre. Le filet de cheval est à 5 francs la livre, l'âne à 3 francs; les pommes de terre se payent 4 francs le boisseau.

SEMAINE FINANCIÈRE

Aujourd'hui même, le Trésor a versé deux millions, dus pour le dernier emprunt qui est à 53 90.

Bourse, 3 o/o : 52 80; 4 1/2 : 79 50. — Banque, 2,376. — Société générale, 436. — Crédit foncier, 861. — Crédit mobilier, 120. — Orléans, 776. — Nord, 965. — Est, 401. — Lyon, 845. — Midi, 552. — Ouest, 460. — Suez, 245.

—

Dimanche 23

TRENTE-CINQUIÈME JOURNÉE

Pluie.

A 2 heures du matin, une patrouille de la grand'garde du fort de Nogent met en fuite un poste avancé ennemi et capture vingt-deux sacs de légumes.

De vastes réservoirs en tôle, toujours remplis d'eau, sont placés sur les postes-casernes des fortifications.

Les gardes nationaux sont appelés à faire dorénavant des promenades militaires hors les murs.

Les maires sont autorisés à joindre les comités d'armement aux comités d'arrondissement.

Jusqu'à la levée du siège, aucun aérostat ne pourra partir sans autorisation du gouvernement.

Le public peut envoyer dans les départements non envahis des mandats de poste n'excédant pas 300 fr.

On annonce la mort du prince Napoléon.

L'événement de la journée est la réouverture des Concerts populaires au Cirque d'hiver. Salle comble. Les hommes sont en uniforme, les femmes en noir. La représentation est au profit de l'œuvre des fourneaux.

L'abbé Duquesnay, du pupitre de Pasdeloup, prononce quelques paroles émues et patriotiques qui électrisent l'auditoire, auditoire d'élite s'il en fut, composé d'artistes soldats, les musiciens de l'orchestre, combattants de la veille et du lendemain, étant, comme tout le monde, en uniforme. Le final de la symphonie en « ut mineur » de Beethoven, tumultueux comme la guerre, fait un prodigieux effet.

Puis, de toutes les bouches, partant du cœur, un cri s'échappe : La *Marseillaise !*

Et Pasdeloup exécute notre hymne sublime, repris en chœur par toute l'assistance.

Schlestadt, en proie depuis plusieurs jours à 32 pièces de gros calibre, criblée de fer et s'écroulant dans les flammes, est obligée de capituler, livrant 2,400 prisonniers et 720 canons. Malgré bien des fautes du commandant en chef, la garnison obtient de sortir avec les honneurs de la guerre.

———

Lundi 24

TRENTE-SIXIÈME JOURNÉE

Aucun fait d'armes important.

Grand mouvement de troupes ennemies à Champigny. La Faisanderie lance quelques obus.

A 2 heures du matin, les pièces prussiennes tirent pour la première fois sur nos ouvrages, de Stains, lançant deux obus sur la Double-Couronne.

Les Prussiens ont achevé de construire à Meudon des batteries dominant la vallée de la Seine et qu'ils démasqueront au moment opportun.

Le capitaine Ducos et le sergent-major Petit de Granville, des zouaves de marche, sont mis à l'ordre du jour pour avoir, sous une grêle de balles et blessés eux-mêmes, rapporté le commandant Jacquot, grièvement atteint, le 21, à l'affaire de la Jonchère.

De 6 à 10 heures du soir, aurore boréale courant sur 180 degrés.

La dépêche suivante arrive de Tours :

CHATEAUDUN — A M. JULES FAVRE, A PARIS

Dans la journée du 18 octobre, la ville de Châteaudun (Eure-et-Loir) a été assaillie par un corps de 5,000 Prussiens. L'attaque a commencé à midi sur tout le périmètre de la ville, dont les rues intérieures étaient barricadées. La résistance s'est prolongée jusqu'à 9 heures et demie du soir. Les francs-tireurs de Paris, la garde nationale de Châteaudun ont rivalisé de courage et d'énergie.

A un moment, la place de la ville était couverte de cadavres prussiens; on estime les pertes de l'ennemi à plus de 1,800 hommes. La ville n'a pas été occupée, elle a été bombardée, incendiée, et les Prussiens ne se sont établis que sur des ruines. L'incendie dure encore

Ces détails ont été rapportés par M. de Tevenon, receveur des postes, qui a brillamment fait son devoir de citoyen.

Le commandant de la garde sédentaire, M. Testanières, a été tué à la tête de son bataillon.

La résistance de Châteaudun, ville ouverte, peut être mise à côté des pages les plus héroïques de notre histoire.

La délégation du gouvernement ouvre un crédit pour subvenir aux besoins des familles de Châteaudun. Le décret porte que cette noble petite cité a bien mérité de la patrie.

Léon Gambetta.

Le peintre Tissot, des éclaireurs de la Seine, fait prisonnier à l'attaque de la Malmaison, parvenu à s'échapper, rejoint son bataillon.

Explosion de la fabrique des bombes-grenades-Orsini, rue des Poissonniers, 3, impasse Massonnet, 26. M. Lapie, son directeur, lieutenant de la 8ᵉ compagnie du 129ᵉ bataillon, est tué sur le coup. M. Baudet meurt le lendemain.

Les anciens artilleurs versés dans d'autres corps pourront être incorporés dans les batteries en formation.

La compagnie des agents de change remet au gouverneur de Paris une somme de 3o, ooo francs, prix d'acquisition d'une batterie de canons.

Sur la proposition de M. Arthur de Fonvielle, le boulevard du prince Eugène portera désormais le nom de boulevard Voltaire et la statue de ce dernier remplacera celle d'Eugène de Beauharnais.

M. Stanislas Meunier, docteur ès-sciences et aide-naturaliste au *Muséum*, sollicite de M. Jules Simon l'ouverture d'un cours pour l'enseignement d'une science nouvelle, la *Géologie comparée*.

La bibliothèque du Luxembourg est ouverte au public.

On dit M. Thiers de retour à Paris.

—

Mardi 25

TRENTE-SEPTIÈME JOURNÉE

Une reconnaissance, partie du fort de Charenton, fait découvrir une tranchée de l'ennemi à douze cents mètres de Créteil, destinée à communiquer avec la Marne et l'île Saint-Julien.

Nouvelle aurore boréale, moins étendue et moins lumineuse que celle de la veille.

Bien qu'il fasse grand vent, départ des aérostats l'*Égalité* et le *Montgolfier*, emportant le lieutenant-colonel Lapierre et M. D..., chef d'un bataillon de la mobile, chargés de missions à Tours.

MM. Gustave Chaudey, Besançon, Minot et Defodon sont nommés membres de la Commission de l'enseignement communal.

En raison de l'explosion de Montmartre, la fabrication privée et libre des matières fulminantes est interdite par le gouvernement.

Mort de Mme Pierre de Castellane, l'une des plus jolies femmes de l'ex-cour et sœur du commandant Sapia, lequel n'est pas réélu par son bataillon, le 146e.

A Saint-Augustin, funérailles de M. Aubry, maire d'Argenteuil.

Le *Tribun du peuple* lance deux nouvelles à sensation : La République est proclamée... à Munich. On a pendu Richard Wagner.

Premier numéro de la *République Nouvelle*, dirigée par le Genevois James Fazy.

La Comédie-Française rouvre ses portes, timidement et en matinée seulement, avec un seul décor pour tout faire.

PREMIÈRE PARTIE

Discours lu par M. Edouard Thierry.

Les Horaces, fragments, joués en costume de ville.

Conférence de M. Ernest Legouvé sur *L'alimentation morale de Paris assiégé*.

Pour les blessés, pièce de vers d'Eugène Manuel dite par Mlle Favart.

DEUXIÈME PARTIE

Quête par les dames de la Comédie.

TROISIÈME PARTIE

Le Misanthrope. — 1er et 2e actes, par M. Lafontaine et Mme Madeleine Brohan, en costume de ville.

Les cuirassiers de Reischoffen, pièce de vers d'Émile Bergerat, dite par Coquelin.

La Marseillaise, par Mlle Agar.

On fait plus de 3,000 francs.

Sarcey demande une deuxième représentation, mais franche, avec décors, costumes et composée d'une pièce entière.

—

Mercredi 26

TRENTE-HUITIÈME JOURNÉE

Pluie et vent.

Aucune action militaire sur aucun point.

Mais le matériel de siège de l'ennemi arrive. On parle de 36 canons monstres portant à plus de 9,000 mètres. Un convoi de 12 pièces, dont chacune est traînée par douze chevaux, est aperçu, mais trop loin pour que nous y puissions atteindre. Sans doute cette artillerie sera mise en batterie sur les hauteurs de Meudon et de Châtillon pour écraser la ville. Qu'importe! Les Parisiens ont tout accepté et sont prêts à tout.

A l'attaque de la Malmaison, le 21, M. Edmond Turquet, ancien procureur impérial à Vervins, actuellement sergent-major aux tirailleurs de la Seine, a reçu deux balles, l'une au côté droit, l'autre à la cuisse gauche. M. Béranger, ancien consul de France à Stettin, MM. Leroux et Vibert, peintres, ont été blessés et M. Cuvillier, un jeune statuaire de talent, a été frappé mortellement.

Décret dispensant les étrangers ayant pris part à la guerre du délai d'un an pour la naturalisation.

La question de la nourriture s'aggrave. Chacun est rationné à cinquante grammes de viande par jour. Le lait coûte 1 fr. 20 le litre. Un jambon pesant 8 kilos a été vendu 100 francs.

—

Jeudi 27

TRENTE-NEUVIÈME JOURNÉE

Le Mont-Valérien, la batterie Mortemart et les bastions 63 et 64 inquiètent Brimborion et l'Orangerie de Saint-Cloud où l'ennemi installe des ouvrages.

Les forts d'Issy et de Vanves délogent les travailleurs de la tour des Anglais et du moulin de Châtillon.

Renouvelant l'appel aux volontaires de 1792, M. Bertillon, maire du 5ᵉ arrondissement, installe, sur la place du Panthéon, une estrade de velours rouge avec cette inscription :

CITOYENS, LA PATRIE EST EN DANGER

et surmontée d'un drapeau noir où se lisent les trois noms de Strasbourg, Toul et Châteaudun.

En quelques jours, plusieurs milliers de volontaires signent leur enrôlement.

Décrets portant suppression de la Légion d'honneur dans le civil et licenciement de la Garde impériale.

La rue du Cardinal-Fesch portera désormais le nom de rue de Châteaudun.

On parle de rouvrir les portes de l'Opéra où M. Perrin donnerait deux concerts par semaine.

L'administration se charge de fournir chaque jour une ration de 3oo grammes de pain à chacun des nécessiteux des communes départementales.

L'évènement de la journée est le numéro du *Combat*, dont l'article d'en-tête, imprimé en gros caractères et encadré d'un très large filet noir, est ainsi conçu :

LE PLAN BAZAINE

—

« Fait vrai, sûr et certain, que le Gouvernement de la Défense nationale retient par devers lui comme un secret d'Etat, et que nous dénonçons à l'indignation de la France comme une haute trahison :

« Le maréchal Bazaine a envoyé un colonel au camp du roi de Prusse, pour traiter de la reddition de Metz et de la paix, au nom de Sa Majesté l'empereur Napoléon III.

« LE COMBAT. »

On s'indigne, on s'ameute ; on crie à la fausse nouvelle, à la calomnie, au crime de lèse-nation. On accuse Félix Pyat d'attenter au glorieux soldat de Metz, lequel n'a pu déshonorer son épée.

Une compagnie du 54e bataillon de gardes nationaux se rend à l'Hôtel-de-Ville pour demander audience du gouvernement à fin d'explications.

D'autres gardes nationaux se portent rue Coq-Héron où sont les bureaux du *Combat* et emmènent le secrétaire de la rédaction, M. Odilon Delimal, à l'Hôtel-de-Ville où Rochefort les reçoit.

La nouvelle donnée par le *Combat* est niée par tous les membres du gouvernement.

Hélas! Elle est vraie, cependant, et, inexplicable et mystérieuse coïncidence, c'est à l'heure même où l'annonce la feuille parisienne que la reddition de Metz s'effectue!

—

Vendredi 28

QUARANTIÈME JOURNÉE

Voilà quarante jours que les Parisiens sont enfermés dans l'arche. Rien, cependant, ne vient annoncer la fin du déluge, invasion et investissement!

La pluie cesse le matin.

Avant le jour, le général de Bellemare fait exécuter par les francs-tireurs de la Presse, commandant Rolland, une surprise vigoureuse sur le Bourget que nous occupons ainsi que Drancy. Un capitaine de la garde royale prussienne est fait prisonnier. Nous employons la nuit à remettre en état les formidables fortifications faites par l'ennemi au Bourget.

Reconnaissance sous Choisy-le-Roy par deux chaloupes commandées par M. Forestier, appuyé de tirailleurs du 90e.

Les canons Krupp sont arrivés au camp ennemi.

L'usine Cail, qui transforme les rails de chemin de fer en canons de fusil, fond ses premiers canons.

Notre artillerie se constitue; la garde nationale peut

disposer déjà de six batteries. Les dames du pavillon numéro 7 des Halles ont remis au gouvernement 458 fr. 05 cent. pour les canons. De leur côté, les grands armuriers fabriquent des fusils.

Pour la durée de la guerre, les gardes mobiles de 1848 sont autorisés à former un bataillon de 550 hommes.

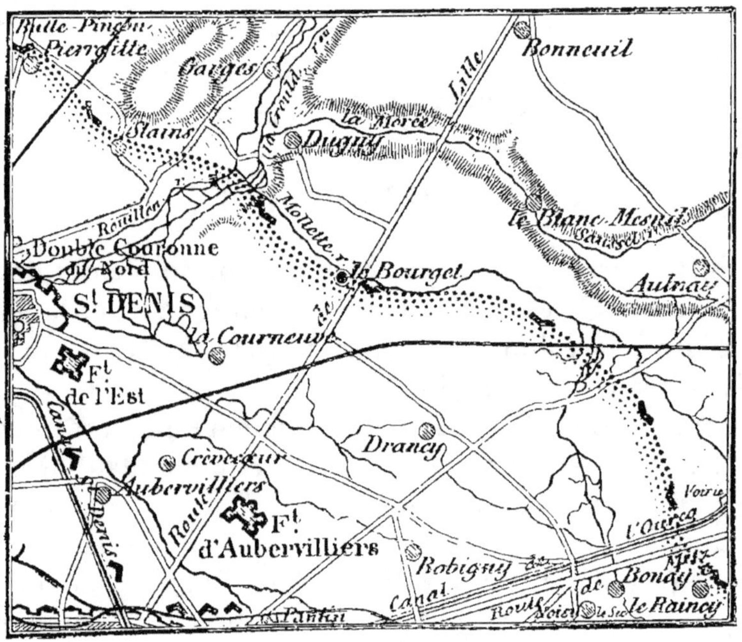

JOURNÉES DU BOURGET

Les Champs-Elysées, servant de bivouac à la cavalerie et à la garde nationale, ne sont plus qu'un vaste camp.

Note de l'*Officiel* sur le traitement des blessés militaires au Val-de-Grâce et dans les ambulances auxiliaires. Sur 385 blessés soignés au Val-de-Grâce, du 20 au 25, il y a eu 14 décès.

De Tours, on apprend que M. Thiers, arrivé dans cette ville, espère pouvoir rentrer bientôt dans Paris pour y rendre compte de sa mission.

Le budget de l'enseignement primaire de la Ville de Paris est porté de 8,527,941 francs à 16,027,941 francs.

Un crédit de 40,000 francs est ouvert pour la construction de ballons *dirigeables* sous la direction de M. Dupuy-de-Lôme.

A 9 heures, de la gare d'Orléans, part l'aérostat *Le Vauban*, monté par le marin Guillaume et M. Cassiers, pigeonniculteur.

A midi, de la gare du nord, part l'aérostat *Colonel-Charras*, monté par M. Gilles.

Sommé par l'opinion de dire où il a puisé les *faux* renseignements qu'il a publiés la veille relativement à la reddition de Metz par Bazaine, Félix Pyat déclare qu'ils lui ont été donnés par Flourens qui les tenait de Rochefort.

A quoi Flourens répond qu'effectivement ces renseignements lui viennent d'un membre du gouvernement mais non de Rochefort, déclaration que ce dernier confirme.

On rationne la consommation du gaz.

—

Samedi 29

QUARANTE-ET-UNIÈME JOURNÉE

Dans la journée, nous aurions essuyé un assez important désavantage du côté d'Aubervilliers. Le soir, les

Prussiens auraient repris le Bourget; mais rien n'est officiel.

Le fils du général Cavaignac, volontaire dans la mobile, est blessé au genou.

Un enfant de 12 ans, dont le père, prussien, habitait Paris, est amené à la place. Depuis plus d'un mois, ce bambin faisait les commissions des Prussiens, leur portant surtout nos journaux.

Dans une réunion publique. à l'Athénée, Gustave Courbet lit deux lettres de lui, l'une à l'armée allemande, l'autre aux artistes allemands.

Il commence par une sorte de Prologue se terminant ainsi : « En ce temps de siège, les peintres sont artilleurs; les artilleurs, gens de lettres; les bourgeois, soldats, et les soldats, ministres. En un mot, chacun se paie une tranche de ce qu'il ne sait pas faire. Nous sommes en République. »

Puis vient la Première Lettre où le maître d'Ornans conseille aux assiégeants de « passer leur chemin » de rentrer chez eux sous peine d'être ridicules et développe ce paradoxe : « Vous n'êtes vainqueurs que grâce au nombre d'hommes que vous avez sous les armes, mais si nous comptions les morts que vous avez sous la terre, c'est nous qui serions vos vainqueurs car nous vous avons tué plus de monde que vous n'avez fait de prisonniers — des prisonniers n'étant point des vaincus. »

La Seconde Lettre contient ceci en résumé :

« L'an dernier, encore, quand nous trinquions ensemble, chez vous, vous buviez à la fraternité des nations, à l'union des peuples, à la liberté, à la république universelle. Et moi, naïf, je croyais à votre sincérité.

Je n'étais qu'une bête. Nous n'avons rien de commun, vous n'êtes que des têtes carrées, oui, c'est Tacite qui l'a dit jadis, lui premier. »

Plus loin, Courbet déclare « les Francs-Comtois les Américains de France », puis, comme péroraison : « Une idée ? Vous allez retourner chez vous, il va falloir emporter vos canons, c'est lourd. — Si nous fondions ensemble vos canons et les nôtres, nous n'en garderions qu'un, le plus gros de vos Krupp, on le dresserait tout debout, coiffé d'un bonnet rouge sur la culasse, avec une gerbe de blé à l'un de ses ailerons, une branche de houblon à l'autre. — Et on le placerait, solennellement, comme signe d'alliance et de paix éternelle, à la place de la colonne Vendôme ».

La Bibliothèque Sainte-Geneviève est ouverte au public.

La nourriture augmente... en raison de ce qu'elle diminue.

Chacun est rationné à 50 grammes par jour, en attendant qu'on alterne la viande fraîche et la viande salée. Le beurre est à 12 fr. la livre, le jambon et le lard à 5 fr. Les conserves s'épuisent ainsi que les légumes secs.

Les ours du Jardin des Plantes sont consommateurs alors qu'ils pourraient être consommation. On parle de les abattre.

SEMAINE FINANCIÈRE

Bourse, 3 0/0 52 74 ; 4 1/2, 79 00. — Emprunt, 53 85. — Banque, 2375. — Société Générale, 436. — Crédit Foncier, 860. — Crédit Mobilier, 102. — Orléans, 775. — Nord, 965. — Est, 400. — Lyon, 845. — Midi, 520. — Ouest, 460. — Suez, 242.

Dimanche 3o

QUARANTE-DEUXIÈME JOURNÉE

Reprise du Bourget par 15,000 Allemands appuyés d'une nombreuse artillerie et évacuation de Drancy.

Ernest Baroche, commandant le 14e bataillon de mobiles, se fait tuer pour ne pas se rendre.

Le gouvernement fait connaître officiellement la douloureuse nouvelle de la reddition de Metz. Le maréchal Bazaine et son armée ont dû se rendre après d'héroïques efforts que le manque de vivres et de munitions ne leur permettaient plus de continuer.

La reddition a eu lieu le 27, jour où M. Félix Pyat, si vertement démenti, l'annonçait précisément dans le *Combat*.

Tant d'échecs réveillent toutes les inquiétudes, toutes les colères. On accuse le général Trochu de n'avoir pas fait le nécessaire pour conserver le Bourget. On calcule que les 200,000 hommes qui bloquaient Metz vont marcher sur la capitale pour grossir l'armée allemande.

Paris a la fièvre.

M. Thiers est dans nos murs. Devant l'héroïque résistance de Paris, l'Angleterre, la Russie, l'Autriche et l'Italie, puissances neutres, proposent un armistice afin de convocation d'une Assemblée nationale et son élection par le pays tout entier, avec ravitaillement proportionné à la durée de l'armistice.

A 2 heures, à l'Hôtel-de-Ville, réception par Jules Favre, Jules Ferry et Etienne Arago, de trois cents maires des départements de la Seine, Seine-et-Oise, Seine-et-Marne et Oise présents à Paris.

Le contingent de 1870 est appelé à l'activité.

La France adopte les enfants des citoyens morts pour sa défense.

Perquisitions sévères chez les marchands soupçonnés d'accaparer des denrées alimentaires.

Au concert Pasdeloup, allocution de Francisque Sarcey; on exécute la *Symphonie pastorale*.

—

Lundi 31

QUARANTE-TROISIÈME JOURNÉE

Pluie fine et continue.

Aucun événement militaire. L'ennemi poursuit ses travaux de terrassement à Châtillon et à Montretout.

C'est à l'intérieur qu'est la guerre, c'est à l'Hôtel-de-Ville. Une des journées les plus extraordinairement curieuses que l'histoire ait jamais enregistrée.

Sous la griffe de l'assiégeant, l'exacerbation causée par l'échec du Bourget, et la capitulation de Metz aidant, on tente de renverser le gouvernement de la Défense nationale pour instituer la Commune.

Dès 7 heures du matin, une foule houleuse et hostile se porte sur la place de Grève.

On crie : « A bas Trochu ! Des armes ! Vive Pyat ! Vive Flourens ! A Versailles ! Pas d'armistice ! Vive la Commune ! »

A midi, plusieurs compagnies de garde nationale sans armes arrivent et se massent sur la place.

Le tumulte va grossissant. Etienne Arago, maire de Paris, essaye en vain de se faire entendre. Plus heureux, Floquet, son adjoint, déclare que la municipalité est disposée à en appeler au suffrage universel.

A une heure, au milieu des cris de la foule, le général Trochu parvient à faire entendre quelques paroles :

« Du Paris, dont l'ennemi eût pu se rendre maître en 48 heures, l'effort du gouvernement a fait une place imprenable. — Il faut maintenant chasser l'envahisseur; on n'y arrivera que par l'union. »

Jules Simon essaye ensuite de donner à la foule explications et satisfaction, mais se voit contraint de se retirer ainsi que le général.

Bientôt, quelques coups de feu partent des rangs de la foule. L'exaspération est à son comble et, la porte Henri IV forcée, l'Hôtel-de-Ville est envahi.

On demande la déchéance du gouvernement de la défense, traître à la patrie.

On crie : A bas Thiers! A bas Rochefort!

La *salle du Conseil* et la *salle du Trône* sont envahies.

Dans la première, les maires et les adjoints des vingt arrondissements sont occupés à constituer un nouveau gouvernement ayant le citoyen Dorian pour président et Louis Blanc, Félix Pyat, Victor Hugo, Blanqui, Flourens et Delescluze pour membres. Un grand nombre de copies de cette liste est jeté par les fenêtres.

Dans la seconde, où Rochefort est très malmené, l'établissement immédiat de la Commune décidé, on cherche à dresser la liste de ses membres. Dorian, Blanqui, Delescluze, Louis Blanc, Félix Pyat, Bonvallet, Ledru-Rollin, Verdure, Schœlcher, Joigneaux, Greppo, Martin Bernard sont proposés.

Et Flourens ? Et Mégy ? réclame la foule.

Le général Trochu, un instant apparu à la porte de la salle des délibérations, hué et menacé, n'a que le temps de disparaître par une autre porte.

Cependant, il se rend dans la salle du gouvernement où sont Jules Favre, Garnier-Pagès, Jules Simon, Jules Ferry et, bientôt, le général Tamisier.

Soudain, la grande porte s'ouvre, cédant au torrent populaire.

— La déchéance ! la déchéance !

Un mot de Jules Favre : « Vous êtes le parti de la violence ! » déchaine toutes les fureurs.

Dorian, acclamé, doit monter sur la table pour décliner l'honneur qu'on lui fait. Mais on ne veut rien entendre. Le tumulte est indescriptible quand, à 4 heures 30, survient Flourens.

Il déclare l'Hôtel-de-Ville gardé et les membres du Gouvernement prisonniers tant que le peuple n'aura pas obtenu leur démission au profit de Dorian, Félix Pyat, Ranvier, Mottu, Blanqui, Avrial, Delescluze, Louis Blanc, Millière, Victor Hugo et Flourens, membres proposés de la Commune à constituer dans les quarante-huit heures.

La salle du gouvernement est en effet gardée par des hommes d'un bataillon à la religion de Flourens et deux autres de ses bataillons viennent d'entrer dans la cour. Ils en sont repoussés par le détachement du 106e bataillon, de garde à l'Hôtel-de-Ville.

Le chef de ce bataillon, M. Ibos, monte ensuite à la *salle du gouvernement*, vers 8 heures 3o, et parvient à en dégager le général Trochu et Jules Ferry.

Jules Favre et le général Tamisier ne parviennent à quitter l'Hôtel qu'à plus de dix heures.

D'énergiques et rapides mesures, prises par Ernest Picard sorti de bonne heure de l'Hôtel-de-Ville, mettent fin aux tentatives de cette journée.

Bon sens et sens droit ont prévalu. Paris s'est lui-même sauvé de lui-même : *Fluctuat nec mergitur.*

—

Mardi 1ᵉʳ Novembre

QUARANTE-QUATRIÈME JOURNÉE

Bulletin militaire nul. Silence de part et d'autre.

Place Vendôme, le général Tamisier a massé en réserve une dizaine de mille hommes, garde nationale et mobile, à la disposition du Gouvernement de la défense nationale. A 4 h. 3o du matin, grand mouvement du côté de la rue de Rivoli.

C'est le général Trochu entouré de son état-major.

On bat aux champs, des feux de joie s'allument, on acclame le général qui passe une revue improvisée avant de renvoyer les bataillons à leurs quartiers. On se sépare aux cris de : vive la France !

Dès l'aube, on placarde les affiches suivantes :

L'APPEL AU PEUPLE

Le Gouvernement de la défense nationale,

Considérant qu'il importe à la dignité du gouvernement et au libre exercice de sa mission de défense de savoir s'il a conservé la confiance de la population parisienne ;

Considérant, d'autre part, que, d'une délibération des maires des vingt arrondissements de la ville de Paris, légalement convoqués à l'Hotel-de-Ville dans la matinée du 31 octobre, il résulte qu'il est opportun de constituer régulièrement par l'élection les municipalités des vingt arrondissements ;

DÉCRÈTE :

Article premier. — Le scrutin sera ouvert le jeudi 3 novembre, de 8 heures du matin à 6 heures du soir, sur la question suivante :

« La population de Paris maintient-elle, OUI ou NON, les pouvoirs du Gouvernement de la Défense nationale ? »

. . . .

Art. 4. — Il sera procédé, le samedi 5 novembre, à l'élection au scrutin de liste et à la majorité absolue, d'un maire et de trois adjoints pour chacun des arrondissements municipaux de la ville de Paris.

En cas de second tour, le scrutin aura lieu le lundi 7 novembre.

L'autre affiche est ainsi conçue :

« Le Gouvernement de la Défense nationale, fermement résolu à supprimer tout désordre dans la rue pendant la durée du siège et à ne pas permettre que le Gouvernement et la garde nationale soient détournés, ne fut-ce qu'un instant, de la lutte contre l'ennemi :

DÉCRÈTE :

Article premier. — Tout bataillon qui sortira en armes,

en dehors des exercices ordinaires et sans convocation régulière, sera immédiatement dissous et désarmé.

Art. 2. — Tout chef de bataillon qui aura convoqué son bataillon en dehors des exercices ordinaires, ou sans ordre régulier, pourra être traduit devant un conseil de guerre.

Un autre Décret révoque les chefs de bataillon de la garde nationale : G. Flourens, du 1er de volontaires ; Razoua, du 61e ; Goupil, du 115e ; Ranvier, du 141e ; de Frémicourt, du 157e ; Jaclard, du 158e ; Grille, du 167e ; Levraud, du 204e ; Millière, du 208e.

Le général Clément Thomas, commandant du 3e secteur, est nommé Adjudant général commandant en second des Gardes nationales de la Seine.

Ledru-Rollin, Victor Hugo, Schœlcher, Louis Blanc, Martin Bernard et Dorian, protestent contre l'abus fait, la veille, de leurs noms portés sans leur consentement sur les listes improvisées à l'Hôtel-de-Ville.

Rochefort donne sa démission de membre du Gouvernement de la Défense nationale.

M. Edmond Adam, préfet de police, démissionne également.

Foule dans tous les cimetières, particulièrement à Montmartre.

Sur la tombe de Baudin, on lit ce quatrain, sur une pancarte :

A BAUDIN

Cendre qui fus un homme, homme qui fus une âme,
Pour s'inspirer de toi, vois nos fils accourir,
Que ton souffle puissant jette en eux une flamme
Qui leur apprenne à vaincre ou leur montre à mourir.

Amélie PERRONNET.

Une nouvelle estrade est établie place Saint-Germain-l'Auxerrois pour les enrôlements volontaires.

—

Mercredi 2

QUARANTE-CINQUIÈME JOURNÉE

Continuation du calme.

Lord Lyons, ambassadeur d'Angleterre, et le chargé d'affaires de Russie sont arrivés de Tours à Versailles pour régler les arrangements relatifs à l'armistice.

Le général Berthaut remplace le général Carré de Bellemarre, à qui l'on impute le désastre du Bourget.

L'aérostat le *Fulton* part de la gare d'Orléans monté par M. le Gloennec.

M. Ernest Cresson est nommé Préfet de police.

Nouveau décret révoquant les chefs de bataillon de la Garde nationale : Gromier, du 74e ; Barberet, du 79e ; Dietsch, du 190e ; Longuet, du 248e et Chassin du 252e.

La préoccupation de Paris est toute aux élections du lendemain.

La majorité des journaux se déclare hautement *pour* le maintien du Gouvernement de la Défense et engagent la population à voter *oui*.

Seuls le *Réveil*, le *Combat*, la *Patrie en danger* et le *Tribun* sont pour son renversement et poussent les électeurs à voter *non*.

Le numéro du *Combat* paru vers 3 heures, avec la date du lendemain, et qu'on distribue pour rien, est particulièrement curieux. Tous les articles, pareillement intitulés NON, et signés de Félix Pyat, A. Rogeard, Ferdinand Gambon, Odilon Delimal, E. Vaillant, Henri Brissac, sont de la plus grande violence.

—

Jeudi 3

QUARANTE-SIXIÈME JOURNÉE

Les portes de Paris sont fermées pendant l'élection. Le soir, à onze heures, on connaît les résultats suivants :

OUI : 275,224
NON : 19,383

Les chiffres définitifs donneront :

OUI : 557,996
NON : 62,638

Proclamations du Gouvernement et de Jules Favre aux habitants de Paris pour remercier le sage patriotisme de leur vote.

Dans la soirée, à l'Hôtel-de-Ville, Etienne Arago, maire de Paris, le général Trochu et Jules Favre remercient la population et l'armée et l'exhortent à l'union qui, seule, peut sauver la patrie.

Un bataillon d'environ trois cents femelles, venues l'on ne sait d'où, descend à l'Hôtel-de-Ville, portant le drapeau rouge et réclamant la Commune. Un piquet de gardes nationaux les disperse en riant.

Audience de rentrée de la Cour de cassation sous la présidence du président Bonjean.

A la Madeleine, solennité au profit de l'œuvre des ambulances de la Presse. La quête seule produit 2,454 fr.

M. Arrault est nommé maire du 18e arrondissement en remplacement de M. Clémenceau, démissionnaire.

———

Vendredi 4

QUARANTE-SEPTIÈME JOURNÉE

Aucun mouvement militaire.

Départ de deux aérostats : de la gare du Nord, le *Ferdinand Flocon* enlève M. Abel Lemercier de Jouvelle ; de la gare d'Orléans, à 2 heures, le *Galilée* enlève M. Husson.

Rue de Rivoli, revue de la légion de cavalerie de la Garde nationale par les généraux Trochu et Tamisier.

Léon Renault est nommé Secrétaire général de la Préfecture de police.

Décret révoquant les chefs des 60e et 168e bataillons de la garde nationale.

On instruit l'affaire du 31 octobre. Une vingtaine de mandats d'amener sont lancés. Quatorze arrestations sont opérées. Plusieurs mandats demeurent inexécutés, les inculpés parvenant à se soustraire à toutes les recherches.

A la Porte-Saint-Martin, matinée donnée par la Société des gens de lettres, dans le but d'offrir un canon à la Défense. La représentation, précédée d'une allocution de Jules Claretie, est exclusivement consacrée à l'audition des principales pièces des *Châtiments*, le livre prophétique, dont les événements continuent de réaliser chaque parole.

On devait appeler le canon le « Victor Hugo », mais le grand poète a désiré qu'on le nommât « Le Châteaudun ».

M. Taillade dit les « Volontaires de l'an II »; Mlles Duguéret et Lia Félix, « A ceux qui donnent »; M. Lafontaine, « l'Hymne des transportés »; Frédérick Lemaître, « Souvenir de la nuit du 4 ». Après un entr'acte musical de l'orchestre Pasdeloup, Mlle Favart dit « Stella »; M. Berton, « l'Expiation »; M. Coquelin, des « Chansons »; Mme Marie Laurent, « Joyeuse vie » et, sur la demande de la salle entière, le « Manteau impérial ». Mme Gueymard-Lauters termine en chantant « Patria », musique de Beethoven, et la « Marseillaise ».

—

Samedi 5

QUARANTE-HUITIÈME JOURNÉE

Toujours même silence de la poudre.

On attend le résultat des propositions d'armistice. Mais, tandis qu'on parlemente au dehors, au dedans les vivres

s'épuisent. Les pommes de terre sont à 4 francs le boisseau ; un chou, plus ou moins gelé, se paye 4 francs ; le
beurre est monté au prix respectable de 36 francs le kilo,
et tout le reste à l'avenant.

Toute la journée, la population, calme, digne, procède aux élections municipales.

Il est formé trois armées, dont le commandant en chef
est le général Trochu, gouverneur de Paris.

Le général Clément Thomas commande la première
armée, composée de 266 bataillons de garde nationale
sédentaire, d'une légion de cavalerie, colonel Quiclet,
et d'une légion d'artillerie, colonel Schœlcher.

Le général Ducrot commande la seconde armée, divisée en trois corps, le 1er, sous le général Vinoy avec les
généraux divisionnaires de Malroy, de Maud'hui et
Blanchard ; le 2e, sous le général Renault, avec les généraux divisionnaires Susbielle, Berthaut et de Maussion ;
le 3e, sous le général d'Exéa avec les divisionnaires de
Bellemare et Mettat. La division de cavalerie est sous le
commandement du général de Champeron.

La troisième armée, sous le commandement spécial
du Gouverneur de Paris, est ainsi organisée :

Le général Soumain commande la 1re division ; le vice-
amiral de La Roncière, la 2e ; le général de Liniers, la 3e ;
le général de Beaumont, la 4e ; le général Correard,
la 5e ; le général d'Hugues, la 6e ; le contre-amiral Pothuau, avec son état-major constitué, la 7e.

Le commandant Vabre, du 34e bataillon de la Garde
nationale de Paris, est nommé colonel-commandant
militaire de l'Hôtel-de-Ville.

A l'avenir, la promulgation des lois et décrets résultera de leur insertion au *Journal officiel de la République française.*

Le théâtre de l'Ambigu rouvre ses portes par la première représentation des *Paysans lorrains*, drame de M. Frantz Beauvallet, avec Dumaine et Dica-Petit comme interprètes principaux.

SEMAINE FINANCIÈRE

Bourse, 3 o/o 51 3o; 4 1/2, 77. — Banque, 2370. — Emprunt, 52 5o. — Crédit Foncier, 955. — Orléans, 772. — Nord, 990. — Est, 475. — Lyon, 86o. — Suez, 242.

—

Dimanche 6

QUARANTE-NEUVIÈME JOURNÉE

Tir des forts de Vanves, de Montrouge et d'Issy, sur les ouvrages de Châtillon.

Quelques combats d'avant-poste sans importance.

Nous continuons de gigantesques tranchées de 2 mètres de profondeur, reliant nos forts pour le passage couvert de nos troupes.

On lit dans le *Journal officiel :*

L'ARMISTICE

Les quatre grandes puissances neutres, l'Angleterre, la Russie, l'Autriche et l'Italie avaient pris l'initiative d'une proposition d'armistice à l'effet de faire élire une Assemblée nationale.

Le Gouvernement de la défense nationale avait posé

ses conditions, qui étaient le ravitaillement de Paris et le vote pour l'Assemblée nationale par *toutes* les populations françaises.

La Prusse a expressément repoussé la condition du ravitaillement; elle n'a d'ailleurs admis qu'avec des réserves le vote de l'Alsace et de la Lorraine.

Le Gouvernement de la défense nationale a décidé, à l'unanimité, que l'armistice ainsi compris devait être repoussé.

L'Officiel publie en outre une note déclarant que le Gouvernement aurait fait grâce aux fauteurs du 31 octobre si leurs nouveaux agissements ne l'avaient décidé à sévir.

Enfin il disculpe le général Schmitz, chef d'état-major général de l'armée, de certaines imputations, absolument erronées, relatives à sa conduite dans la journée du 31 octobre.

On parle du départ de tous les étrangers restés à Paris.

Le matin, partent de l'usine à gaz de la Villette, un aérostat emportant trois voyageurs dont M. Juteau, avocat, chargé d'une mission et, de la gare du Nord, un autre aérostat, le *Châteaudun*, monté par M. P. Bosc.

A l'Hôtel-de-Ville, le général Trochu passe en revue le bataillon des *Chasseurs de Neuilly*, commandé par M. Nourry Roger et dont le quartier est dans le bal Bullier.

Le Gouverneur de Paris visite également les ambulances de la rue des Saints-Pères, de la rue Tournefort et du collège des Irlandais. Il décore de la Légion d'honneur le sous-officier du 9e de marche Emile-Albert Strintz, âgé de 27 ans, et le lieutenant de garde mobile,

Alfred Imbault, et décerne la médaille militaire aux soldats Eugène Pouchet, du 100ᵉ, et Martial Espinasse, du 63ᵉ de ligne.

Obséques du colonel Pinguilly l'Haridon, le peintre bien connu.

Mort de l'architecte Duban.

M. Gustave Chaudey est nommé adjoint au maire de Paris.

On interdit la vente sur la voie publique des brochures et images soi-disant politiques mais surtout obscènes.

Concert à l'Opéra au profit des victimes de Châteaudun. Devant une salle comble, MM. Villaret, Caron, Gaspard, Devoyod, Ponsard, Bosquin et Mmes Gueymard et Hisson qui n'ont pas quitté Paris assiégé pour aller chanter à l'étranger, se font applaudir dans des fragments d'*Alceste, Guillaume Tell, Les Huguenots*.

Par une erreur administrative, on manque de viande dans le 9ᵉ arrondissement.

Le charbon de bois se raréfiant, atteint des prix improbables.

—

Lundi 7

CINQUANTIÈME JOURNÉE

Reprise des hostilités.

L'armistice est espérance morte. La lutte, désormais, est sans merci et définitive.

Que fait la province ? C'est maintenant la grande préoccupation. L'obsession de l'inconnu commence.

La nuit, le fort de la Double-Couronne a bombardé Pierrefitte ; tout le jour, le fort de Montrouge tire sur une redoute casematée en construction sur la butte de Châtillon.

Nous peignons en noir tous les pans de mur qui pourraient servir de point de mire à l'ennemi.

Caserne d'Orsay, M. de Kergariou, officier de l'escadron des éclaireurs à cheval, est sacré chevalier de la Légion d'honneur.

L'*Officiel* publie la nomination, dans le même ordre, du commandant du même corps Franchetti.

Le *Figaro* publie un extrait d'un numéro de la *Gazette de Cologne* relatif à la reddition de Metz et à la capitulation de Strasbourg, extrait où nos soldats sont traités de « crapule française armée. »

Un numéro du *Times* nous apprend, par hasard, la mort, à 67 ans, de Prosper Mérimée, sénateur et académicien, auteur du « Théâtre de Clara Gazul, » des « Chroniques de Charles IX, » de « Colomba, » de « Carmen, » de « L'enlèvement de la Redoute. »

Multiplication des clubs, alors que la poudre seule devrait avoir la parole.

Les ouvriers boulangers décident d'offrir une batterie de canons au gouvernement.

Plusieurs journaux ont parlé d'un emprunt qui aurait été contracté par les membres de la délégation du gouvernement à Tours. Le Gouvernement déclare n'avoir jusqu'à présent, reçu aucun avis de cette mesure.

—

Mardi 8

CINQUANTE-ET-UNIÈME JOURNÉE

Sur toute notre ligne de défense, feu à grande portée pour inquiéter et détruire les ouvrages de l'ennemi. Feux combinés du Mont-Valérien et du 6ᵉ secteur sur les travaux entrepris à Montretout et sur les réserves de Garches et de Ville-d'Avray.

Nos marins surveillent de très près les agissements de l'ennemi, dans les carrières de Montrouge, de Châtillon et de Bagneux. Plus d'un Prussien qui s'y introduit ne reverra jamais le jour.

Télégramme officiel militaire, transmis à Berlin du quartier général du roi de Prusse :

Versailles, 1ᵉʳ novembre.

Les pertes de la deuxième division d'infanterie de la garde, dans l'engagement du 30 octobre (au Bourget), s'élèvent à :

34 officiers et 449 hommes.

DE PODBIELSKI.

La Garde nationale fait le service des portes de Paris aux lieu et place des mobiles et des soldats de la ligne.

A l'une de nos ambulances, on amène, dans un état désespéré, une jeune fille de seize ans, fusillée par les Prussiens, entre Rueil et Saint-Cloud, au moment où elle ramassait des légumes.

Décret sur la formation de bataillons de marche de la garde nationale.

Cette mobilisation est très chaudement commentée, discutée et critiquée.

2,500,000 francs du crédit ouvert pour l'exercice 1870 sont transportés du chapitre II (approvisionnements de la flotte) sur le chapitre IX (vivres).

Décrets modifiant l'insigne de la Légion d'honneur et la médaille militaire.

Réouverture de la première Chambre de la Cour d'appel sous la présidence de M. Gilardin.

—

Mercredi 9

CINQUANTE-DEUXIÈME JOURNÉE

Brume épaisse.

Dans Paris, la neige fond. Au dehors, tout est blanc.

A 3 heures du matin, les batteries établies par les Prussiens à la tour de Crouy essayent leur tir. Un obus tombe à environ cinq cents mètres de l'enceinte fortifiée.

Continuation du feu de nos forts, particulièrement de Villejuif, l'Hay et le moulin de Cachan.

Le sergent Hoff, du 107° d'infanterie, qui a déjà tué environ trente Prussiens et qui, en raison de ses nombreux actes de courage, a reçu la croix de la Légion d'honneur, se distingue de nouveau en tuant une sentinelle prussienne et un soldat ennemi accouru au secours de son camarade.

Le général de division Vinoy, commandant le 1er corps

de la 2ᵉ armée, est nommé commandant en chef de la 3ᵉ armée (que s'était d'abord réservée le général Trochu).

Le général de division Blanchard, commandant la 3ᵉ division du 1ᵉʳ corps de la 2ᵉ armée, est nommé commandant du 1ᵉʳ corps de cette même armée (remplaçant le général Vinoy).

Le corps de troupes réuni à Saint-Denis cesse de faire partie de la 3ᵉ armée. Il est placé, sous le commandement supérieur du vice-amiral de la Roncière Le Nourry, membre du conseil de défense et commandant en chef la division des marins détachés à Paris.

L'enceinte reste partagée en neuf secteurs. Le vice-amiral Brosse remplace le général de Montfort au commandement du 3ᵉ secteur.

L'artillerie de la rive gauche est commandée par le général de division de Bentzman, ayant sous ses ordres le général René ; l'artillerie de la rive droite, par le général Pélissier, ayant sous ses ordres le général Favé.

Suppression de l'emploi de commissaire spécial, créé en 1866 par Piétri et, depuis le 4 septembre 1870, occupé par Raoul Rigault qui y avait remplacé Lagrange.

Une commission municipale de sept membres, composée de MM. Coroz, Simboizelle, Topart, Paffe, Dʳ Métivier, Chavanon et Gérard, est chargée d'administrer le 20ᵉ arrondissement dont le maire, Ranvier, et les trois adjoints, Flourens, Millière et Lefrançois sont sous le coup d'une instruction judiciaire en raison des faits du 31 octobre.

Gare d'Orléans, départ de l'aérostat *la Gironde*, frêté et monté par un particulier.

Le conseil de l'ordre des avocats au conseil d'Etat et

à la Cour de cassation se constitue pour l'année judiciaire 1870-71.

Il est ainsi composé : MM. Bosviel, président ; Mineret, premier syndic ; Michaux-Bellaire, deuxième syndic ; Fournier, secrétaire-trésorier ; Beauvois, Devaux, Hérold, Hérisson, Bellaigne, Demay et Pouguet, membres du conseil.

La taxe établie pour la viande de cheval est applicable au mulet.

Un chat se vend de 5 à 7 fr.

La chasse au rat est ouverte ; ces rongeurs, dont un véritable marché est étabi place de l'Hôtel-de-Ville, se vendent 30, 40 et 60 centimes.

—

Jeudi 10

CINQUANTE-TROISIÈME JOURNÉE

Tir continuel des forts.

L'ennemi a abattu une partie du mur du cimetière de Choisy-le-Roi et démasqué une batterie.

Alexandre Auzolle, caporal à la 5e compagnie et Jules François Michel, lieutenant à la 4e compagnie du 2e bataillon des francs-tireurs de la ville de Paris, commandant Chabaud-Mollard, sont décorés de la médaille militaire, tous deux s'étant héroïquement battus quoique grièvement blessés.

Les ateliers du carrossier Ehrler sont exclusivement consacrés à la fabrication d'affûts pour les canons.

Le produit du quatrième concert Pasdeloup sera consacré à l'achat d'un canon que les musiciens des Concerts-Populaires veulent offrir à la patrie. Ce canon s'appellera *Beethoven*.

Jules Claretie est chargé d'organiser, dans les vingt arrondissements de Paris, des bibliothèques communales, des lectures et des conférences publiques.

Décret prolongeant d'un mois les échéances des effets de commerce.

A l'avenir, les cafés pourront rester ouverts jusqu'à minuit, à condition de s'éclairer autrement qu'au gaz.

—

Vendredi 11

CINQUANTE-QUATRIÈME JOURNÉE

Nuit et jour, canonnade ininterrompue sur toute la ligne de nos forts de la rive gauche.

La redoute de Gravelles tire avec succès sur les ouvrages de Montmély.

Nos troupes occupent Créteil qu'elles mettent en état de défense.

Le Gouverneur de Paris visite les forts de Vanves et d'Issy.

On continue de fondre des canons. Bientôt notre armée comptera 300 pièces nouvelles.

Cependant on parle à nouveau d'un armistice et, qui plus est, de la paix à laquelle la Russie serait très favorable et même intéressée. — Chacun donne une version différente, et plus ou moins fantastique, de soi-disant négociations se poursuivant au dehors.

Paris s'agite, se passionne, discutant les chances du pour et du contre, accueillant ou repoussant l'idée de la paix.

On peut aller en chemin de fer jusqu'à Nogent ! Eclaircie momentanée qui distrait un instant la capitale du stagnant ennui de la captivité.

La petite vérole sévit à Versailles:

MM. Tenaille-Saligny, Hérisson et Arnaud (de l'Ariège) sont nommés membres du conseil général des hospices.

Mort de M. Pierre Clément, membre de l'institut.

Dans le 9e arrondissement, par suite d'un nouveau règlement améliorateur, personne ne peut avoir de viande.

Depuis l'investissement, 27, 523 chats ont été livrés à la consommation. Un moineau se paye 50 centimes.

—

Samedi 12

CINQUANTE-CINQUIÈME JOURNÉE

Ce matin, sur la place de l'hospice, à Saint-Cloud, le capitaine de Néverlée, officier d'ordonnance du général Ducrot, a enveloppé, avec ses volontaires, une patrouille ennemie. Les hommes qui la composaient ont opposé une vive résistance ; cinq ont été tués sur place, et le sixième a été ramené grièvement blessé de deux coups de baïonnette.

Cette audacieuse expédition fait le plus grand honneur au capitaine Néverlée et à ses volontaires.

Note au *Journal officiel* sur le décret de mobilisation de la Garde nationale.

Levée des hommes célibataires ou veufs sans enfants, de 25 à 30 ans.

Départ de la gare d'Orléans, des aérostats *le Daguerre*, monté par le marin Hubert et trois personnes et *le Niepce*, monté par le marin Pagano et M. Dagron, emportant en province le matériel destiné à y installer la photographie postale.

L'administration du gaz prévient qu'elle ne peut plus livrer de coke à la consommation publique.

Edmond About publie un article où il demande « la paix *à tout prix*. »

Avenue Victoria, on organise un marché aux rats.

Un demi-chat se paye 4 fr.; un poulet, on ne peut plus maigre, 20 fr.; un jambon, 215 fr.; un chou, 5 fr. Les œufs se vendent à la criée, 920 fr le mille. Chez Chevet, le beurre est coté à 25 fr. On commence la fabrication de pâtés interlopes et composites où le diable seul sait ce qui entre.

Hausse sur l'huile à brûler et la bougie.

SEMAINE FINANCIÈRE

Bourse, 4 0/0, 51 20; 4 1/2, 77. —Banque, 2369. — Emprunt, 52 25. — Crédit Foncier, 954. — Orléans, 771. — Nord, 998. — Midi, 515. — Ouest, 506. — Lyon, 859. — Suez, 241.

Dimanche 13

CINQUANTE-SIXIÈME JOURNÉE

Les obus de la Faisanderie et les mitrailleuses de Joinville délogent l'ennemi du territoire de Champigny.

A 2,500 mètres, la redoute de Gravelle endommage fortement les ouvrages de Montmesly.

Le fort de Charenton inquiète les travailleurs de Thiais.

Le Gouverneur de Paris visite les redoutes de Hautes-Bruyères et du Moulin-Saquet.

Appel à l'activité de la garde nationale mobile de la classe 1870.

Place de l'Hôtel-de-Ville, le général Clément Thomas passe en revue les 52e, 80e et 88e bataillons de la Garde nationale. Le soldat interpelle son chef, celui-ci réclamant la réquisition générale des denrées alimentaires « accaparées » par le commerce, celui-là demandant pourquoi tout le monde encore n'est pas armé, etc.

Proclamation du général Trochu aux citoyens de Paris, à la Garde nationale, à l'Armée et à la Garde mobile, déclarant que le Gouvernement, qui ne songe qu'à la défense, est et tient à demeurer absolument étranger à tous les bruits de négociation propagés par les journaux.

A dater du 15 novembre, les portes de Paris seront fermées à 5 heures du soir.

ÉLECTIONS MUNICIPALES DE LA VILLE DE PARIS

1ᵉʳ arrondissement :	MM.		Tenaille-Saligny.
2ᵉ	—	—	Tirard.
3ᵉ	—	—	Bonvalet.
4ᵉ	—	—	Vautrain.
5ᵉ	—	—	Vacherot.
6ᵉ	—	—	Hérisson.
7ᵉ	—	—	Arnaud (de l'Ariège).
8ᵉ	—	—	Carnot.
9ᵉ	—	—	Desmarest.
10ᵉ	—	—	Dubail.
11ᵉ	—	—	Mottu.
12ᵉ	—	—	Grivot.
13ᵉ	—	—	Panolet.
14ᵉ	—	—	Asseline.
15ᵉ	—	—	Corbon.
16ᵉ	—	—	Henri Martin.
17ᵉ	—	—	Favre.
18ᵉ	—	—	Clémenceau.
19ᵉ	—	—	Delescluze.
20ᵉ	—	—	Ranvier.

L'École de droit est transformée en magasin d'équipements militaires.

Le charbon de bois reparaît ; des marchands des quatre saisons en transportent dans leurs petites voitures, le criant dans les rues à un prix sensiblement augmenté.

—

Lundi 14

CINQUANTE-SEPTIÈME JOURNÉE

Forte canonnade sur toute la ligne de nos forts et ouvrages avancés, très vive au Moulin-Saquet, aux Hautes-Bruyères, à Charenton, Ivry et Montrouge.

Le fort de Vanves ne cesse de tirer sur Châtillon.

Une partie de la nuit, feu du Mont-Valérien sur Saint-Cloud, Montretout et Rueil.

Une reconnaissance du commandant Poulizac, 1er régiment des éclaireurs, chasse l'ennemi de ses postes avancés du côté de Drancy.

Charge des capitaines de Kergalec et de Versinville à la tête des éclaireurs à cheval.

Plusieurs prisonniers sont faits aux Prussiens.

Dans une reconnaissance sur Champigny, le capitaine Lavigne et ses tirailleurs refoulent les postes prussiens, anéantissent leurs approvisionnements et font subir à l'ennemi des pertes réelles.

Dans la journée, le général Schmitz visite Bobigny.

Vers 8 h. 30 du soir, l'amiral Saisset fait évacuer ce point, occupé par les éclaireurs Lafon et la Mobile, le prince Frédéric-Charles ayant établi, juste en face au Blanc-Mesnil, 150 pièces de canon venant, dit-on, de l'armée qui assiégeait Metz.

Bondy est également évacué. Feu des Prussiens qui tirent sur les maraudeurs récoltant des légumes. Sept sont tués, une quinzaine blessés.

Vers 5 heures du soir , affiches manuscrites dans toutes les mairies et publications au *Petit officiel* de la nouvelle suivante , arrivée de Tours, et qui met toute la ville en émoi en lui donnant un instant d'espérance :

« Commandée par le général d'Aurelles de Paladines, après une lutte de deux jours par le temps le plus défavorable, l'armée de la Loire a repris Orléans contre les divisions du général von der Thann.

« Nous n'avons pas perdu 2,000 hommes ; mais l'ennemi, à qui nous avons fait plus de 1,500 prisonniers, a subi des pertes énormes. Nous lui avons, en outre, pris deux canons et vingt caisses de munitions.

« La principale action a eu lieu, dans la journée du 9, autour de Coulmiers (Loiret). »

Les monuments précieux par leurs souvenirs historiques, leur ancienneté ou leur valeur artistique seront mis à l'abri d'un bombardement éventuel.

Les bêtes à cornes étant réquisitionnées, plus de 3,000 bestiaux sont déclarés. C'est dix jours de vivres.

—

Mardi 15

CINQUANTE-HUITIÈME JOURNÉE

Nos forts continuent de tirer à outrance sur les positions de l'ennemi.

Etienne Arago, démissionnaire, est remplacé à la Mairie centrale de Paris par Jules Ferry ; MM. Clamageran, Hérisson et Chaudey sont maintenus dans leurs fonctions d'adjoints.

Vers 3 heures, arrivée du premier pigeon voyageur porteur de dépêches *privées*.

Dans le léger tube dont le courrier ailé est chargé, un carré de papier de 40 millimètres sur 30 contient 226 dépêches microscopiquement photographiées sur 3 colonnes d'après une composition typographique et mises, au *recto* comme au *verso*, à la suite les unes des autres, sans blancs ni interlignes.

Nous donnons du reste l'aspect de la dépêche au format de l'original.

Service de dépêches par pigeons-voyageurs
STENACKERS A MERCADIER,
103, rue de Grenelle, 103

En 4 heures, M. Mercadier, directeur général des lignes télégraphiques à qui l'envoi est adressé, fait grossir et transcrire les 226 dépêches qui, à 11 heures du soir, sont toutes distribuées aux heureux destinataires.

Aussitôt éclatent les nouvelles les plus contradictoires sur la capitulation de Metz, sur la prise de Dijon et sur les approvisionnements faits à Lyon en vue d'un investissement.

Le *Combat* annonce deux victoires de nos armées de l'Ouest et du Nord, à Chartres et à Amiens, nouvelles confirmées par le *Gaulois*.

Paris est donc presque en fête, tous les esprits sont joyeux. Enfin, on a reçu des dépêches du dehors et nos armes ont commencé d'être plus heureuses! C'est la première bonne journée depuis l'investissement, depuis le début de la guerre.

M. Baroche, ancien ministre de la justice, est mort en Normandie sans avoir eu la douleur d'apprendre la mort de son fils, tué au Bourget.

Innombrables réclamations contre la taxe imposée aux personnes ayant quitté Paris avant l'investissement. La taxe des absents, qui n'est point une amende, une taxe pénale, mais une taxe de compensation est maintenue.

Un homme parvenu à traverser les lignes serait entré le soir à Paris, chargé de trois cents lettres et de journaux.

A demain de nouvelles nouvelles. Et l'on se couche ou l'on veille, espérant qu'on va pouvoir se reprendre à l'espoir.

—

Mercredi 16

CINQUANTE-NEUVIÈME JOURNÉE

L'ennemi se montre de nouveau dans Champigny. Nos mitrailleuses et les canons de la Faisanderie et des obus du fort de Nogent l'obligent à battre en retraite. Un obus tiré sur la maison Cazenave, près Chennevières, où est établie la pension des officiers prussiens, y occasionne de grandes pertes. Charenton canonne les positions de Choisy.

Le gouverneur de Paris visite la presqu'île de Gennevilliers jusqu'au pont de Bezons.

Arrivée d'un deuxième pigeon, porteur de nouvelles de Tours. Le Gouvernement les communique dans un rapport établi d'après les dépêches officielles et divers journaux étrangers. En voici le résumé :

« Confirmation des succès du général d'Aurelles de Paladines à Coulmiers et Orléans.

« Démenti de l'anarchie départementale.

« Sur mer, nous avons fait plusieurs prises à l'ennemi.

« L'armée allemande se répand sur tout le pays où elle rencontre une énergique résistance. Outre le Nord et l'Est, le centre est envahi. Dijon rançonné de 5oo,ooo fr. est occupé.

« Détails et appréciations contradictoires sur la capitulation de Metz. Le maréchal s'est trop hâté, disent les uns ; la ville manquait de pain et l'on mangeait des chevaux morts, affirment les autres.

« Au club de l'Alhambra, à Marseille, une république rouge, fondée par Esquiros et Cluseret, aurait voté l'expulsion du gouvernement et condamné Gambetta à mort, *to the punishment of a deceiver*, dit le *Times*.

« Le général Bourbaki n'a pas demissionné. Un ordre du jour du 20 octobre, où il félicite l'armée de sa conduite à la Formerie, en fait foi. »

Ces racontars agitent Paris.

Partout on discute et se passionne, dans les clubs dans les cafés, dans la rue. Plusieurs tribunaux improvisés condamnent le traître Bazaine à mort.

Plusieurs journaux annoncent la mort de Paul de Cassagnac, prisonnier de guerre en Allemagne.

Napoléon le Petit de Victor Hugo, va, pour la première fois, être publié en France.

A la Comédie-Française, représentation au profit des blessés. On donne *Esther* et le *Mariage de Figaro*. Pendant un acte de cette dernière pièce, un blessé est amené à l'ambulance du théâtre et Mlle Favart, comédienne et sœur de charité, quitte la scène pour l'hôpital.

—

Jeudi 17

SOIXANTIÈME JOURNÉE

Feu intermittent de nos forts, mais aucune action.

Nouvelle dépêche de Tours. La presse européenne approuve la résolution de la France. Le *Times* s'élève généreusement contre tout morcellement de notre territoire.

Nous fortifions Orléans. La Prusse est fort étonnée de la résistance de Paris et de la solidité de notre infanterie. Officiers et soldats ennemis aspirent à la paix.

Le général Ducrot décore de la médaille militaire M. Edgard Rodrigues, journaliste, volontaire dans les éclaireurs.

Au Point du jour, Nadar et l'amiral Fleuriot de Langle installent un aérostat captif d'observation diurne et nocturne.

Décret ouvrant sur l'exercice 1870 un nouveau supplément de crédit de vingt millions pour faire face aux dépenses des gardes nationales de France.

Décret rétablissant dans leurs chaires du Collège de France, Edgar Quinet et Philarète Chasles.

Il est question du prochain rationnement du tabac.

—

Vendredi 18

SOIXANTE-ET-UNIÈME JOURNÉE

L'ennemi découvre tous les jours de nouvelles batteries.

Il vient d'installer quatre pièces de 12 en avant de Chevilly et travaille nuit et jour en avant de Thiais, probablement à établir des tranchées.

Les Prussiens tirent de nouveau sur les maraudeurs. Une centaine sont tués ou blessés

On distribue des sabots aux hommes de garde dans nos tranchées, détrempées par l'hiver.

Des nouvelles de Tours annoncent que l'ennemi a évacué Dijon.

Gare du Nord, vers minuit, départ de l'aérostat le *Général Uhrich,* dirigé par M. Lemoine, emportant des lettres et 36 pigeons.

Décret relatif à l'élection aux grades.

M. Pagenpohl, ancien directeur du *Nord,* fonde *l'Ami de la France.*

La police sévit enfin contre les marchands de dessins politico-obscènes. Selon Louis Ulbach, cette mesure sanitaire attente à la liberté. Selon Sarcey, il importe qu'on tienne la voie publique en état de propreté.

A 7 heures du soir, les cafés remplacent le gaz par des lampes à pétrole.

—

Samedi 19

SOIXANTE-DEUXIÈME JOURNÉE

Les généraux Trochu et Ducrot poussent plusieurs reconnaissances aux avant-postes ennemis. Vive fusillade vers Montretout. Feu du Mont-Valérien sur Garches.

Mise à l'ordre du jour des noms suivants des défenseurs de Paris ayant bien mérité de la Patrie.

Proust, Thibaudier, Pachot ; Prudhomme ; général Guilhem, tué à l'ennemi, de Montbrison ; Parmentier ; Désaëgher, Chénot, Bouvet, Bocquenet, Oulbon, Sirday, Bouquier ; Charton, Guerroz, Ducros, Orichioni, Thépaut, Beau, Belley, Dieudonné, Gletty, Le Gouill, Kydenou, Lecca, Ardit, Felipon, Gandebout, Admard, Mégrot ; Hoff du 107e de ligne ; Miquel de Rin, Chamblant, David, Portais ; Graciot, Moreau ; Weick ; Gériodas ; Aubé, Audin ; Thiébault, Roudier ; Scheer ; Goudmant, Deschamps ; Forcade ; Charlier, Giraud ; Jacquot, Colonna d'Istria, Petit de Granville, tous trois des zouaves ; de Nugent, Buisson ; Pasquier, Comté, Lefranc, Tilhan, Franchetti, Fouquet, Le Mohec, de Montaigu, Guilleminot, Narvault, Japiot, Leautey, Crucerey, Terreaux, Périer, de Rougé, de Dampierre tué à l'ennemi, Donge, des Mobiles de la Seine ; Vannier, Turquet, Blaize, Demay, Roulot des corps-francs.

Ordre du jour disciplinaire du général Trochu au corps d'armée occupant Saint-Denis.

La question des vivres prend de plus en plus d'importance. Le bœuf va manquer.

Bientôt on alternera la viande de cheval et les salaisons. Au marché de Montrouge, des désordres sont occasionnés par la cupidité des marchands. Quand on en trouve, les pommes de terre se payent 10 francs le boisseau et le saindoux 5 francs la livre. Un lapin vaut 25 fr., une oie est payée 70 fr. et l'on vend de l'ours à 10 fr. la livre.

SEMAINE FINANCIÈRE

Bourse, 4 1/2, 79 » », 3 o/o, 53 85. —Emprunt, 55 »». — Crédit Foncier, 970. — Crédit mobilier, 132. — Société générale, 485. — Orléans, 802 50. — Nord, 985. — Ouest, 505. — Lyon, 862. — Est, 415. — Suez, 240.

—

Dimanche 20

SOIXANTE-TROISIÈME JOURNÉE

Partie de la nuit, feu très vif contre les positions du Bourget.

Heureux combat d'avant-postes à Villetaneuse.

Pour la première fois, le gouvernement reçoit un numéro du Journal officiel prussien qui s'imprime à Versailles. La vérité s'y cache autant que l'ambitieuse pensée de l'ennemi s'y étale. Demain, notre ministre des affaires étrangères répondra à l'insolente circulaire de M. de Bismarck.

Vingt-six chevaux transportent la pièce d'artillerie *Joséphine* du bastion 40 au bastion 41.

Les jeunes gens admissibles à l'école de Saint-Cyr, occupée par l'ennemi, sont casernés à l'École polytechnique.

Obsèques de M. Bayard de la Vingtrie, éclaireur franc-tireur de la Seine, tué dans une reconnaissance sur les hauteurs de Montretout.

Édouard Lockroy rédacteur du *Rappel*, est élu chef du 66e bataillon de la garde nationale.

Décret interdisant tout affichage, placards et journaux, feuilles publiques ou écrits politiques de même nature.

Départ de l'aérostat l'*Archimède*, de la gare d'Orléans.

Mort de M. Duméril, auteur de l'*Histoire naturelle des poissons*, membre de l'Académie des sciences.

Mise en liberté de Razoua, arrêté à la suite du 31 octobre.

Dans le *Réveil*, Delescluzes propose la création, dans le 19e arrondissement, dont il est maire, d'un tribunal révolutionnaire, infamant mais non afflictif, jury populaire de quarante membres chargés de justicier des crimes commis ou à commettre par tous ceux qui sont sous les drapeaux, de Bazaine au dernier fantassin.

Rue des Petits-Champs, un pâtissier invente le pâté de rat.

—

Lundi 21

SOIXANTE-QUATRIÈME JOURNÉE

La nuit, vive fusillade sur le front de nos lignes du Sud, appuyée par le canon des forts.

A 6 heures du matin, le fort de Montrouge bombarde l'Hay, Bourg-la-Reine et Bagneux.

A 10 heures du soir, puis à 2 heures du matin, les Prussiens tentent deux importantes mais inutiles actions de surprise pour s'emparer de nos redoutes des Hautes-Bruyères et du Moulin-Saquet.

Le gouverneur de Paris visite la position de Saint-Denis.

Circulaire du Gouvernement aux agents diplomatiques contenant la réfutation par Jules Favre de la circulaire Bismarck publiée la veille par l'*Officiel* français d'après le *Moniteur officiel prussien* et où Bismarck racontait, à sa façon, ses entrevues avec Thiers.

Décrets réquisitionnant, dans les cinq jours, toutes les pommes de terre existant à Paris et dans la banlieue.

Décret arrêtant qu'à partir du 30 courant, la Compagnie du gaz cessera toute livraison de gaz aux particuliers et aux établissements publics de toute nature. Avant tout, en effet, il importe d'éclairer la voie publique.

Deuxième versement sur l'emprunt national de sept cent cinquante millions. Plus de deux millions cinq cent mille francs sont encaissés.

Dans les clubs, aux Folies-Bergère, à Valentino, etc., l'orateur commence à manquer.

Cependant, les citoyennes Louise Michel, présidente; Collei, vice-présidente; Adèle Esquiros, André Léo, J. Alombert, Cornebois, Danguet, Dufour, Hinet, Connue, Blin, Godin, Jenlin, Poirier, Cartier, Dounn, Robichon, Carlet, *membresses* d'un comité du 18ᵉ arrondissement, réclament, en huit petits décrets, la refonte radicale de la Société.

—

Mardi 22

SOIXANTE-CINQUIÈME JOURNÉE

Pluie violente qui arrête les travaux de l'ennemi.

Le canon tonne toute la journée vers Montmagny, Saint-Denis, Ivry et Nogent.

A 11 h. 30 du soir, l'ennemi tente inutilement une reconnaissance dans la presqu'île de Gennevilliers.

On parle du bombardement de la capitale comme très prochain.

En supplément aux mises à l'ordre du jour du 19 sont ajoutés les noms de : de Vresse, Prulière et Mallère, de la garde nationale, et de Baroche, des mobiles de la Seine, tué à l'ennemi le 30 octobre.

Sur les boulevards, du nouvel Opéra à la Porte Saint-Denis, le général Clément Thomas passe en revue les 6ᵉ, 84ᵉ, 165ᵉ, 176ᵉ, et 212ᵉ bataillons de la garde nationale ainsi que les 72ᵉ et 149ᵉ, commandés par les chefs de bataillon Queveauvilliers et de Brancion et qui, demain, commencent leur service de guerre aux avant-postes.

C'est la municipalité qui, désormais, vend le charbon de bois. Un décalitre par famille est délivré au pavillon n° 5 des Halles centrales et au marché Saint-Honoré au prix de 1 franc.

On craint que les salaisons aient été mal préparées ou préparées avec des viandes point assez fraîches.

—

Mercredi 23

SOIXANTE-SIXIÈME JOURNÉE

Grand vent.

Sur la Marne, affaires d'avant-postes très avantageuses pour nous.

Continuation du feu de nos forts, principalement sur Meudon et Châtillon.

Au nom du salut de la France, Décret interdisant aux journaux de faire aucune publication relative aux mouvements de troupes, aux travaux de fortification non plus qu'aux mesures militaires prises par la Défense.

De Tours, Léon Gambetta informe Jules Ferry des faits suivants : — 200,000 hommes sont en ligne sur les deux rives de la Loire. — Au 1er décembre, 100,000 hommes de réserve seront sur pied, sans compter près de 200,000 hommes mobilisés tenus en réserve de seconde ligne. — Nous occupons fortement Orléans. —

Nous avons la sympathie de l'Europe et notre situation diplomatique s'est beaucoup améliorée.

A 11 heures, l'aérostat l'*Égalité*, construit par M. Wilfrid de Fonvielle, part de l'usine à gaz de Vaugirard.

A 11 h. 30 du soir, départ de la *Ville d'Orléans*, monté par l'aéronaute Rolier.

A 5 heures du soir, arrivée d'un pigeon parti le jour même d'Orléans.

—

Jeudi 24

SOIXANTE-SEPTIÈME JOURNÉE

Baptême du feu de la garde nationale.

Les 3e et 4e compagnies du 72e bataillon de guerre de la garde nationale, chef de bataillon de Brancion, occupent militairement Bondy, sous le commandement supérieur du capitaine de frégate Massion (du port de Rochefort), grièvement blessé, ainsi que M. de Villette, volontaire âgé de 19 ans.

Quelques obus du fort de Noisy forcent l'ennemi à la retraite à découvert.

Une lettre diplomatique de Bismarck à Jules Favre nous informe que M. Raynal, procureur de la République à Versailles, convaincu de correspondre avec l'ennemi, a été arrêté par l'autorité militaire et dirigé sur l'Allemagne pour y être jugé par un conseil de guerre et que pareil sort est réservé à plusieurs Français tombés de ballon au pouvoir des Prussiens, lesquels considèrent passer *au-dessus* de leurs lignes comme passer *à travers*.

M. Champois, chimiste, lieutenant au génie civil, volontaire, fait, à l'adresse de l'ennemi, la première expérience de la dynamite, corps explosible formidable.

Mort de l'éditeur Pierre Janet.

—

Vendredi 25

SOIXANTE-HUITIÈME JOURNÉE

Beau temps.

Feu du Mont-Valérien.

L'ennemi allume plusieurs incendies, à Saint-Cloud et d'Orgemont à Bezons.

Un pigeon arrive de Tours, apportant des nouvelles qu'on dit favorables.

Le 15e fascicule de la Correspondance de la famille impériale contient ceci :

Dépêche du général Uhrich

28 août.

« Si vous ne me secourez pas, je serai avant peu obligé de rendre Strasbourg. »

« Faites une diversion dans le grand-duché de Bade », lui répond-on de Paris.

Chez Arsène Houssaye, au bénéfice des ambulances de la presse, soirée à 20 francs le billet. Le Tout-Paris-Captif est là : Auber, Banville, Coppée, Meilhac,

Ricord, Monselet, Carjat, Métra, Ratisbonne, etc., etc.

Entre les deux parties de la représentation improvisée et où se font entendre Mmes Marie Colombier, Bianca, Devoyod, Pierson, Marie Roze, Julia Hisson et Carmen et MM. Saint-Germain et Coquelin qui dit *La lettre d'un mobile breton*, entr'acte orné d'un buffet où tout se vend en raison de la situation, au poids de l'or.

Décrets — réquisitionnant les huiles de pétrole — ordonnant le recensement des chevaux, ânes et mulets.

Au marché Saint-Germain, le chien se vend 2 fr. 50 la livre. Un chat est coté 12 francs. Une marchande de légumes provoque une émeute en essayant de vendre 16 fr. un boisseau de pommes de terre.

Enterrement de Joséphine Bozacchi, la toute jeune Coppélia de l'Opéra.

—

Samedi 26

SOIXANTE-NEUVIÈME JOURNÉE

Les obus du Mont-Valérien détruisent le restaurant de la Tête-Noire, à Saint-Cloud.

A partir de demain et jusqu'à nouvel ordre, les portes ne s'ouvriront que pour les troupes et le service militaire.

Ordre du jour du général Clément Thomas enjoignant que, contrairement à ce qui s'est fait, les bataillons de guerre allant aux avant-postes laissent leur drapeau au bataillon sédentaire.

Jules Favre passe en revue les Volontaires de Belleville et leur offre un drapeau.

Arrivée d'un pigeon.

Le coke et le grésillon sont rationnés.

Le chemin de fer de Ceinture reste encore autorisé à brûler du gaz, mais seulement sur la voie et non dans les stations.

Lettre de Jules Ferry au maire de Paris lui signalant, pour qu'il la réprime énergiquement, la dilapidation du pain dont certains font usage pour la nourriture des chevaux.

Il n'y a plus de mouton que pour les blessés.

En alternant avec les salaisons, on a encore pour environ trois semaines de vache, 5,937 de ces animaux étant encore sur pied.

Une statistique de l'Académie des sciences constate qu'il reste encore vingt-cinq millions de rats dans Paris. C'est de la viande pour un an !

Le gouvernement va mettre à la disposition des maires des provisions qui permettront de distribuer à chaque habitant, pour trois jours, une ration de 125 grammes de riz, de 50 grammes de fromage ou de 500 grammes de pommes de terre, qui se payent 7 francs le boisseau.

Emeute dans une boucherie du Gros-Caillou.

Le prix de tout ce qui se mange s'accroît de plus en plus. Les œufs à 800 francs le mille, le beurre à 20 francs la livre, la graisse de volaille à 4 francs la boîte. Les volailles se payent 20 fr., les lapins 16 à 18 francs. Un chou-fleur, 3 francs 50.

SEMAINE FINANCIÈRE

Bourse, 3 0/0, 53 50 ; 4 1/2, 80. — Banque, 2,700. —

Société générale, 480. — Crédit Foncier, 950. — Crédit mobilier, 128. — Orléans, 802. — Nord, 995. — Est, 415. — Lyon, 860. — Ouest, 505. — Suez, 236.

—

Dimanche 27

SOIXANTE-DIXIÈME JOURNÉE

Brouillard intense.

L'artillerie de la garde nationale traverse Paris, opérant sa première sortie. Tout est neuf, hommes, chevaux, matériel et, surtout, les six mitrailleuses récemment fabriquées.

Paris fermé, la foule se porte sur les boulevards, foule maintenant inaccoutumée et d'ailleurs fiévreuse, houleuse, inquiète.

A 6 heures, incendie du château de la Muette, propriété de Mme Erard, occupé par le quartier général du 6e secteur. L'amiral Fleuriot de Langle, secondé par le commandant Denue, parvient à circonscrire à temps le foyer de l'incendie. Seul, un gardien de la paix est blessé.

A 11 heures du soir, départ de la gare d'Orléans de l'aérostat le *Jacquard* monté par le marin Alexandre Prince.

Décret créant cinq bourses aux Lycées nationaux et cinq bourses à l'École Normale primaire de jeunes filles.

La maison Rothschild augmente de moitié les appointements de tous ses employés pendant la durée du siège.

La Monnaie frappe *sur commande* des pièces égyptiennes.

On commence de déterrer les tonneaux de pétrole enfouis dans les squares en vue de l'éclairage de Paris.

Au 10e arrondissement, établissement de triperies municipales.

Rue Racine, passage d'un maigre troupeau de maigres bœufs auxquels on ne trouvera grand'graisse, tant la faim leur a fait rude guerre. L'un de ces animaux retrouve cependant assez d'énergie pour se jeter, cornes baissées, dans la vitrine d'un pâtissier.

—

Lundi 28

SOIXANTE-ET-ONZIÈME JOURNÉE

Gelée intense sur la neige précédemment tombée. Ciel couvert et bas. La ville, fermée et sans nouvelles du dehors, est déserte, sombre et morne. Toutes les troupes sont hors les murs. Une grande action est imminente. De quel côté, nul ne le sait. On est anxieux.

Vers le soir, le gouvernement fait couvrir les murs des trois proclamations suivantes :

Citoyens de Paris,

Soldats de la garde nationale et de l'armée,

La politique d'envahissement et de conquête entend

achever son œuvre. Elle introduit en Europe et prétend fonder en France le droit de la force. L'Europe peut subir cet outrage en silence, mais la France veut combattre, et nos frères nous appellent au dehors pour la lutte suprême.

Après tant de sang versé, le sang va couler de nouveau. Que la responsabilité en retombe sur ceux dont la détestable ambition foule aux pieds les lois de la civilisation moderne et de la justice. Mettant notre confiance en Dieu, marchons en avant pour la patrie.

Le Gouverneur de Paris,
Général Trochu.

Paris, le 28 novembre 1870.

Soldats de la 2e armée de Paris !

Le moment est venu de rompre le cercle de fer qui nous enserre depuis trop longtemps et menace de nous étouffer dans une lente et douloureuse agonie ! A vous est dévolu l'honneur de tenter cette grande entreprise : vous vous en montrerez dignes, j'en ai la certitude.

Sans doute, nos débuts seront difficiles ; nous aurons à surmonter de sérieux obstacles ; il faut les envisager avec calme et résolution, sans exagération comme sans faiblesse.

La vérité, la voici : Dès nos premiers pas, touchant nos avant-postes, nous trouverons d'implacables ennemis rendus audacieux et confiants par de nombreux succès. Il y aura donc là à faire un vigoureux effort, mais il n'est pas au-dessus de vos forces : pour préparer votre action, la prévoyance de celui qui nous commande en chef a accumulé plus de 400 bouches à feu, dont deux tiers au moins du plus gros calibre ; aucun obstacle matériel ne saurait y résister et, pour vous élancer dans cette trouée, vous serez plus de 150,000 hommes, tous bien armés, bien équipés, abondamment pourvus de munitions et, j'en ai l'espoir, tous animés d'une ardeur irrésistible.

Vainqueurs dans cette première période de la lutte, votre succès est assuré, car l'ennemi a envoyé sur les bords de la Loire ses plus nombreux et ses meilleurs soldats ; les efforts héroïques et heureux de nos frères les y retiennent.

Courage donc et confiance ! Songez que, dans cette lutte suprême, nous combattrons pour notre honneur, pour notre liberté, pour le salut de notre chère et malheureuse patrie ; et si ce mobile n'est pas suffisant pour enflammer vos cœurs, pensez à vos champs désolés, à vos familles ruinées, à vos sœurs, à vos femmes, à vos mères désolées.

Puisse cette pensée vous faire partager la soif de vengeance, la sourde rage qui m'animent et vous inspirer le mépris du danger.

Pour moi, j'y suis bien résolu, j'en fais le serment devant vous, devant la nation tout entière : je ne rentrerai dans Paris que mort ou victorieux ; vous pourrez me voir tomber mais vous ne me verrez pas reculer. Alors, ne vous arrêtez pas, mais vengez-moi.

En avant donc ! en avant ! et que Dieu nous protège !
Paris, le 28 novembre 1870.

Le Général en chef de la 2ᵉ armée de Paris,
A. DUCROT.

LE GOUVERNEMENT DE LA DÉFENSE NATIONALE
A LA POPULATION DE PARIS

Citoyens,

L'effort que réclame l'honneur et le salut de la France est engagé.

Vous l'attendiez avec une patriotique impatience que vos chefs militaires avaient peine à modérer.

Décidés comme vous à débusquer l'ennemi des lignes où il se retranche et à courir au devant de vos frères des départements, ils avaient le devoir de préparer de puissants moyens d'attaque. Ils les ont réunis ; maintenant, ils combattent ; nos cœurs sont avec eux. Tous, nous sommes prêts à les suivre et, comme eux, à verser notre sang pour la patrie.

A cette heure suprême où ils exposent noblement leur vie, nous leur devons le concours de notre constance et de notre vertu civique. Quelle que soit la violence des émotions qui nous agitent, ayons le courage de demeurer calmes.

Quiconque fomenterait le moindre trouble dans la cité trahirait la cause de ses défenseurs et servirait celle de la Prusse. De même que l'armée ne peut vaincre que par la discipline, nous ne pouvons résister que par l'union et l'ordre.

Nous comptons sur le succès, nous ne nous laisserons abattre par aucun revers.

Cherchons surtout notre force dans l'inébranlable résolution d'étouffer comme un germe de mort honteuse, tout ferment de discorde civile.

Vive la France ! vive la République !

Les membres du Gouvernement : Jules Favre, vice-président du Gouvernement, Emmanuel Arago, Jules Ferry, Garnier-Pagès, Eugène Pelletan, Ernest Picard, Jules Simon.

Les ministres : Général Le Flô, Dorian, J. Magnin.

Les secrétaires du Gouvernement : André Lavertujon, F. Hérold, A. Dréo, Durier.

Paris, le 28 novembre 1870.

Vers 5 heures du soir, le général Ducrot fait ses adieux de famille ; à 6 heures, il quitte son petit appartement de la rue Abatucci, 14, et part avec son état-major.

La poudre se fait entendre au sud-ouest et tout au tour de la ville. Durant la nuit entière, le canon et les obus déchirent l'ombre de leurs éclairs et le silence de leurs formidables détonations.

Un subside de 0 fr. 75 est alloué aux femmes des gardes nationaux. — Hélas ! il y aura des veuves bientôt !

On détruit une batterie établie à Montmartre.

Départ de l'aérostat le *Jacquart*.

M. Derouard, pigeonniste de la défense, dont le colombier est établi 27, rue Simon-le-Franc, blesse et capture un agent prussien d'un genre particulier, un faucon brun dressé par l'ennemi à l'extermination du pigeon-voyageur.

Arrivée d'un de ces messagers. Environ 4.000 dépêches nous sont parvenues depuis deux jours par ce moyen.

A l'Opéra, pour l'Œuvre des canons, représentation analogue à celle donnée le 4 novembre à la Porte-Saint-Martin, où les artistes disent des pièces des *Châtiments*.

On parle de la fermeture des bouillons Duval.

Les boucheries ne peuvent plus délivrer de viande que tous les deux jours:

—

Mardi 29

SOIXANTE-DOUZIÈME JOURNÉE

Brouillard épais.

Toute la nuit et jusqu'à midi, tir formidable et continu de nos forts dont chacune des pièces a lancé une moyenne de vingt-cinq boulets, de 1 heure à 8 heures du matin.

A la pointe du jour, sous les ordres du général Vinoy, le contre-amiral Pothuau attaque la Gare aux bœufs de Choisy-le-Roi, position fortifiée enlevée par les 106e et 116e bataillons de la garde nationale, commandants Ibos et Langlois et les fantassins de marine; la cantinière du 106e est tuée en faisant le coup de feu. En même temps, le colonel Valentin attaque L'Hay avec les 109e et 110e de ligne et les 2e et 4e bataillons des mobiles du Finistère.

Quand nos troupes se retirent de ce village, notre artillerie des Hautes-Bruyères et des batteries environnantes écrase l'ennemi d'un tir formidable.

Nous comptons plus de cinq cents blessés, parmi lesquels de Réals, chef du 4e bataillon du Finistère; Mimerel, lieutenant-colonel du 110e de ligne, dont le chef de bataillon Cristiani de Ravaran a été tué. Le comte de Dampierre est également tombé à la prise d'une barricade de Bagneux.

Le 84ᵉ bataillon de Garde nationale, de garde à Cachan, a un homme tué et plusieurs blessés.

Vers midi commence, avenue d'Orléans, le défilé des voitures d'ambulance, parmi lesquelles nombre d'omnibus, réquisitionnés, ramenant les premiers blessés.

Au mépris de tous droits, le chirurgien militaire Mercadier a été fait prisonnier sur le champ de bataille, malgré les insignes de sa profession et le brassard de la Convention de Genève.

Une crue subite retarde l'établissement d'un pont de bateaux sur la Marne.

D'Orléans, bonnes nouvelles de l'armée de la Loire.

A 6 heures du matin, la générale appelle aux armes les gardes nationaux du quartier de l'Europe ; le général Clément Thomas les passe en revue. « Cent cinquante mille des nôtres sont engagés, » dit-il dans son allocution.

Tout le service télégraphique est réquisitionné par le gouvernement.

Un décret interdit aux journaux aucun compte rendu ou récit d'opérations militaires, sous peine de suspension.

Sur la route de Bourg-la-Reine, on fouille deux maraudeurs portant nos journaux à l'ennemi.

Un espion prussien est arrêté dans Paris.

A 11 heures du soir, trois voyageurs partent de la gare du Nord dans l'aérostat le *Jules Favre*, deuxième du nom.

Partout, quête pour les canons.

Essai à Vincennes de mitrailleuses nouvelles.

Décret réquisitionnant tout le porc existant chez les charcutiers et marchands de comestibles.

Cheval, âne ou mulet ne peuvent plus être vendus sans autorisation.

Aucune vache ne peut être vendue par qui que ce soit, à qui que ce soit, sous quelque prétexte que ce soit.

A l'usine Cail, cent paires de meules Falguères sont occupées sans relâche à faire de la farine de froment.

Voici du reste l'état des meules à blé dans Paris assiégé ;

Gare de l'Est	34	paires de meules
— Paris-Lyon	40	— —
— Orléans	30	— —
— Ouest	20	— —
— Nord	28	— —
Manutention	26	— —
Assistance publique	14	— —
En tout	192	— —

—

Mercredi 30

SOIXANTE-TREIZIÈME JOURNÉE

Vent du Nord. Gelée intense. Soleil éclatant.

De midi à 5 h. 15, canonnade vigoureuse et ininterrompue du côté de Champigny et de Gennevilliers et de tous nos forts du Sud.

C'est à Villiers-sur-Marne, où nos troupes passeront

la nuit, qu'est l'action principale. Le plateau de Villiers est battu sans relâche par l'artillerie du fort de Nogent.

Le Gouverneur de Paris, qui est à la tête des troupes et dont l'officier d'état-major Berthier a la machoire fracassée, rend hommage à l'admirable conduite du général Ducrot, dont les divisions passent la Marne sur deux ponts de bateaux. Nos forts et nos batteries de position écrasent l'ennemi à Champigny.

A Bry-sur-Marne, l'artillerie aux ordres du général Frébault, combat magnifiquement. La division Susbielle enlève Montmély; devant des forces supérieures, elle se replie sur Créteil, ayant fait une diversion fort utile.

A Rosny, une division du général d'Exéa passe la Marne et reprend l'offensive; nous couchons sur les positions.

L'ennemi laisse deux canons et abandonne blessés et morts.

La brigade Lavoignet, les mobiles de l'Hérault et de Saône-et-Loire et la division de cavalerie Bertin de Vaux, occupent Drancy poussant jusqu'à Groslay.

La brigade Henrion, soutenue par les forts et la batterie flottante nº 4, s'empare du village retranché d'Epinay.

Le commandant Saillard est atteint de trois balles devant Chennevières, le général Renault a le pied droit emporté par un éclat d'obus, le général Ladreit de la Charrière est également frappé, ainsi que le capitaine de frégate Desprez.

Sont aussi blessés, les capitaines Gauthier, Belay, Gambogi et Girard et les sous-lieutenants Nouvel, Euchs et Triquels. Belle conduite des 1er et 2e bataillons de zouaves, commandant Vitalis, capitaine Darnaud ; du général Henrion, du commandant Héron, du colonel Piétri et du capitaine F. Orse.

Soixante-douze prisonniers, dont un aide de camp, deux mitrailleuses nouveau modèle, un canon et des munitions tombent entre nos mains.

Le nombre des blessés et des morts est, de part et d'autre, assez considérable pour nécessiter un armistice d'une journée.

Les blessés sont ramenés par bateau dans Paris. Quais et ponts sont donc encombrés d'intéressés et de curieux.

Une ration de viande fraîche ou salée de 150 grammes par jour et par tête sera dorénavant servie à toute l'armée.

A minuit, sur un ordre de la place, M. Bazin, dont les appareils d'éclairage électrique sont installés au Moulin de la Galette, sur les buttes Montmartre, éclaire le pont de Bezons, situé à plus de huit kilomètres.

Immédiatement le feu de l'artillerie se déchaîne sur ce point pour durer une partie de la nuit.

Notre flotte aurait, dit-on, capturé la flotte prussienne dans le port de Iahde.

Départ de l'aérostat *La Bataille de Paris*.

Plus de gaz dans aucun magasin. Plus du tout de charbon chez les charbonniers.

Quand, le soir, on affiche les premières nouvelles de la journée, c'est éclairée par des lampes empruntées aux boutiques voisines que la foule impatiente en prend connaissance.

Paris est vraiment changé.

Jeudi 1er Décembre

SOIXANTE-QUATORZIÈME JOURNÉE

Solidement établies sur les positions conquises, que n'a pas quittées le Gouverneur de Paris, nos troupes, fermes, ardentes, résolues, sont prêtes à reprendre la lutte.

Les Prussiens ont obtenu de nous un armistice de deux heures, soi-disant pour enterrer leurs morts et relever leurs blessés. Armistice de crocodile. Bismarck a simplement besoin de faire avancer des masses en réserve et, au mépris de toutes conventions, permet que ses troupes tirent à bout portant sur nos convois d'ambulances.

Le commandant Franchetti, des éclaireurs de la Seine, reçoit un éclat d'obus dans la cuisse.

Amputation du général Renault, blessé la veille à Epinay.

Les généraux Paturel et Boissonnet, le commandant en second de l'artillerie, colonel Villiers, sont blessés à l'ennemi. Le colonel de Grancey, des mobiles de la Côte-d'Or, est tué.

A midi, le général Vinoy passe avenue d'Orléans.

— Tout va bien, répondit-il aux questions des gardes nationaux et des citoyens.

Deux pigeons sont arrivés de Tours apportant les nouvelles suivantes extraites du *Mercure de Souabe* :

« La marche du général Werder sur Tours est arrêtée par nos forces, considérables.

« Le général Bourbaki, jusqu'ici à Lille, est nommé commandant en chef du 18e corps, à Nevers, opposé au prince Frédéric-Charles.

« Notre armée du Nord est forte de 40,000 hommes.

« 800 Prussiens ont été surpris, mis hors de combat ou faits prisonniers à Châtillon-sur-Seine par Menotti Garibaldi.

« L'exposé des négociations de M. Thiers, relatives à l'armistice repoussé par Bismarck, nous parvient également, document que l'histoire appréciera, montrant de quel côté ont été les torts et sur qui doit retomber la responsabilité de la continuation de la guerre. »

A l'*Officiel*, rappel du décret ordonnant le silence aux journaux. Avant tout, le secret de l'exécution.

La souscription des employés de l'Hôtel-de-Ville pour le canon *La Ville de Paris*, s'élève à 16,675 fr. 55 centimes.

Réapparition d'un peu de charbon de bois à 15 fr. le sac. Le poussier est introuvable ; les rares charbonniers qui en ont encore ne le vendent pas moins de 75 centimes le boisseau.

—

Vendredi 2

SOIXANTE-QUINZIÈME JOURNÉE

2 Décembre! Anniversaire d'Austerlitz et du Coup
d'Etat. Résultat : Champigny !

Le soleil ruisselle sur la plus implacable gelée.

Dès l'aube, l'ennemi, avec des forces énormes, troupes
fraîches de réserve, attaque nos positions. Nos héroïques
soldats, fatigués par deux jours de combat, avec un
matériel incomplet, et glacés par les terribles nuits, sont
prêts à tous les chocs.

Soutenus par l'artillerie d'Avron, de Nogent, de la
Faisanderie, de Gravelle, de Saint-Maur et de Charenton, ils repoussent l'assaillant.

A 1 h. 45, l'infanterie prussienne se replie en masse.

Trente-trois bataillons de la garde nationale, formant
un effectif de 15,000 hommes, ont pris part à l'action,
conduits entre Joinville-le-Pont et Nogent-sur-Marne
par les colonels baron Nivière et Montaigut et les commandants d'état-major de Montaut et Levrat, sous les
ordres du général Clément Thomas.

A 2 heures, dix de ces bataillons passent la Marne et
vont occuper le Tremblay où le général Trochu élec-
trise l'espoir dans une allocution au 24e bataillon.

Les généraux de Beaufort et de Lignières, sous les
ordres du général Vinoy, appuient la bataille par une
vigoureuse diversion.

Le général Ducrot, toujours en avant des premières

lignes, se voit entouré d'ennemis et brise son épée dans le ventre d'un Prussien.

L'ennemi perd plus de 15,000 hommes.

Dans la soirée, immense lueur d'incendie. C'est Bonneuil qui brûle, mis en flammes par les obus.

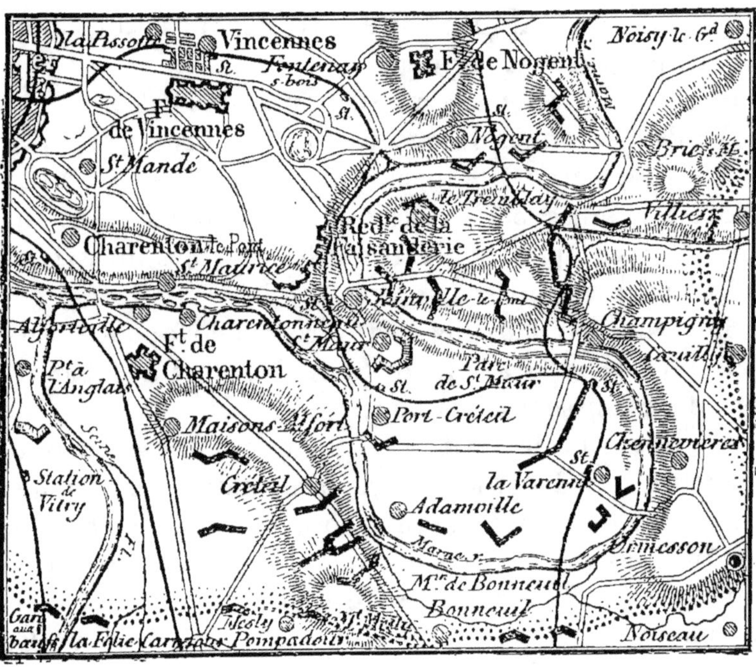

JOURNÉE DE CHAMPIGNY

Nouvelles de Tours : Notre situation est bonne; les Prussiens sont repoussés. Nous occupons Montargis.

D'Amiens, Bourbaki informe Trochu que ses troupes sont prêtes à marcher, artillerie et cavalerie, qu'il suivra ses instructions, qu'il n'y a pas de Prussiens entre Amiens, Beauvais, Chantilly et Gisors.

Un pigeon, exténué, tombe rue de Rivoli.
On mange les chèvres et les chevreaux.

—

Samedi 3

SOIXANTE-SEIZIÈME JOURNÉE

Gelée et soleil.

Le matin, attaque de l'ennemi contre nos positions de la Marne, que nous conservons.

Feu d'Avron contre Chelles.

L'armée de Ducrot bivouaque dans le bois de Vincennes, repasse la Marne dans la journée, et se concentre pour continuer ses opérations.

De nouveau, l'on se reprend à l'espoir. Cependant, la *trouée* n'est pas faite !

400 prisonniers sont amenés dans Paris.

Du dehors, nouvelles contradictoires : Bourbaki serait à Senlis, — 100,000 Prussiens auraient anéanti notre armée.

A 5 heures du matin, départ du *Volta* monté par M. Janssen, astronome chargé par Jules Simon d'aller observer une éclipse de soleil en Algérie.

Ordre disciplinaire de Clément Thomas contre les quatre compagnies de guerre du 76ᵉ bataillon, commandant Latappy, qui, le 29 novembre, à Rosny, se sont laissé entraîner à l'insurrection par le lieutenant Montfilière, écroué.

5oo,ooo francs sont alloués pour établir de nouveaux fourneaux populaires.

Richard Wallace fait don de 200,000 francs affectés au chauffage des indigents.

On ne mange plus qu'à prix d'or. Le beurre est à 25 francs la livre ; les œufs, conservés, valent 1 fr. 5o pièce. On a vendu un dindon 9o francs, un lapin 3o fr. Les carottes sont à 7 francs la botte. Au reste, on mange de tout, du chameau, du phoque, de l'éléphant !

Le chiffre des décès, pour la semaine, lugubrement accru, monte à 2,282.

SEMAINE FINANCIÈRE

Bourse, 3 o/o, 53 8o; 4 1/2, 8o. — Banque, 2,695. — Emprunt, 55. — Crédit mobilier, 13o. — Crédit Foncier, 95o. — Société générale, 38o. — Nord, 977. — Est, 42o. — Lyon, 85o. — Midi, 575. — Ouest, 5oo. — Suez, 237 5o.

—

Dimanche 4

SOIXANTE-DIX-SEPTIÈME JOURNÉE

Le général Ducrot adresse aux troupes de la deuxième armée l'Ordre suivant :

Vincennes, le 4 décembre 187o.

Soldats,

Après deux journées de glorieux combats, je vous ai fait repasser la Marne, parce que j'étais convaincu que de nouveaux efforts, dans une direction où l'ennemi avait eu le temps de concentrer toutes ses forces et de préparer tous ses moyens d'action, seraient stériles.

En nous obstinant dans cette voie, je sacrifiais inutilement des milliers de braves et, loin de servir l'œuvre de la délivrance, je la compromettais sérieusement, je pouvais même vous conduire à un désastre irréparable.

Mais vous l'avez compris, la lutte n'est suspendue que pour un instant; nous allons la reprendre avec résolution : soyez donc prêts, complétez en toute hâte vos munitions, vos vivres et, surtout, élevez vos cœurs à la hauteur des sacrifices qu'exige la sainte cause pour laquelle nous ne devons pas hésiter à donner notre vie.

Le Général en chef de la 2ᵉ armée,
A. DUCROT.

A quand la *trouée ?* se disent les Parisiens.

L'artillerie fabriquée par l'industrie privée donne les meilleurs résultats.

Le colonel Prevault a été tué le 30 novembre. Les généraux Paturel et Boissonnet ont été blessés le 2 décembre ainsi que MM. de Caraman et de Gontaut Biron. Le général Ladreit de la Charrière meurt de la suite des blessures qu'il a reçues à Montmély.

Le 2 décembre, les mobiles de l'Ille-et-Vilaine ont eu plus de cinq cents hommes tués, blessés ou disparus. Les chefs des trois bataillons : de Rennes, M. Le Mintier de Saint-André; de Fougères, M. de Dezerseul; de Redon, M. le Godinec, tombent frappés en pleine poitrine. Le colonel de Vigueral est blessé.

Protestation des ambulances de la Presse contre la violation de la convention de Genève par l'ennemi qui, à plusieurs reprises, a fait feu sur nos convois de blessés.

Insuffisance de chirurgiens militaires.

L'église de la Trinité est transformée en ambulance.

Partie des chevaux tués aux derniers combats sert à l'alimentation de l'armée, partie est distribuée dans les boucheries municipales.

—

Lundi 5

SOIXANTE-DIX-HUITIÈME JOURNÉE

Au tumulte des combats a succédé le silence, silence lourd, absolu, effrayant, le silence-canon comme l'a appelé Victor Hugo.

Le 3e bataillon de marche de la garde nationale, commandé par M. de Saint-Geniès, part aux avant-postes.

Nous avons fait plus de 800 prisonniers.

Bismarck refuse au colonel Claremont, attaché militaire à l'ambassade britannique, l'autorisation de franchir les lignes prussiennes.

L'Algérie est tranquille sous le nouveau régime civil.

Une ambulance de 60 lits est installée au Palais de Justice.

Il y a 150 blessés à l'ambulance du Jardin des Plantes.

Le contre-amiral Saisset est nommé vice-amiral.

Le général de brigade Faron est nommé général de division.

A 1 heure du matin, départ de la gare d'Orléans, de

l'aérostat *Le Franklin*, dirigé par le marin Pierre Marcia accompagné d'un officier supérieur chargé de mission.

A 5 h. 3o du matin, gare du Nord, départ de l'aérostat l'*Armée de Bretagne*, dirigé par M. Louis Surrel accompagné de M. Alavoine.

On commence à s'inquiéter du changement d'aspect du pain.

—

Mardi 6

SOIXANTE-DIX-NEUVIÈME JOURNÉE

Le Gouvernement de la défense nationale porte à la connaissance de la population les faits suivants :

Hier soir le Gouverneur a reçu une lettre dont voici le texte :

« Versailles, ce 5 décembre 1870.

« Il pourrait être utile d'informer Votre Excellence que l'armée de la Loire a été défaite hier près d'Orléans et que cette ville est réoccupée par les troupes allemandes.

« Si toutefois Votre Excellence juge à propos de s'en convaincre par un de ses officiers, je ne manquerai pas de le munir d'un sauf-conduit pour aller et venir.

« Agréez, mon général, l'expression de la haute considération avec laquelle j'ai l'honneur d'être votre très humble et très obéissant serviteur,

« *Le chef d'état-major,*

« Comte DE MOLTKE. »

Le Gouverneur a répondu :

« Paris, ce 6 décembre 1870.

« Votre Excellence a pensé qu'il pourrait être utile de m'informer que l'armée de la Loire a été défaite près d'Orléans, et que cette ville est réoccupée par les troupes allemandes.

« J'ai l'honneur de vous accuser réception de cette communication que je ne crois pas devoir faire vérifier par les moyens que Votre Excellence m'indique.

« Agréez, mon général, l'expression de la haute considération avec laquelle j'ai l'honneur d'être votre très humble et très obéissant serviteur.

« *Le Gouverneur de Paris,*

« Général TROCHU. »

Cette nouvelle qui nous vient par l'ennemi, en la supposant exacte, ne nous ôte pas le droit de compter sur le grand mouvement de la France accourant à notre secours. Elle ne change rien à nos résolutions ni à nos devoirs.

Un seul mot les résume : Combattre ! Vive la France ! Vive la République !

LES MEMBRES DU GOUVERNEMENT,

LES MINISTRES,

LES SECRÉTAIRES DU GOUVERNEMENT.

M. de Moltke a manqué son effet. Paris n'est nullement terrifié. La nouvelle de ce revers, dont rien n'établit l'authenticité, ne saurait abattre le courage d'une population résolue à tout.

Mort du général Renault, du commandant Franchetti et du colonel Prévost.

Parmi les blessés des derniers combats, on cite MM. Amédée Rolland, âgé de 19 ans, amputé d'un bras, et le lieutenant-colonel Maupoint de Vandeul, du 121e de ligne.

Le capitaine de frégate Massion, grièvement blessé à Bondy, est promu au grade de capitaine de vaisseau.

Sur la demande motivée du commandant Lapérière. le bataillon dit des « tirailleurs de Belleville » est dissous.

Fondée le 5 septembre, la *Patrie en danger* cesse de paraître.

—

Mercredi 7

QUATRE-VINGTIÈME JOURNÉE

Pas un coup de canon. Poudre muette. De part et d'autre, on continue d'enterrer ses morts.

Rapport militaire officiel sur les journées des 29 et 30 novembre ; 1er, 2 et 3 décembre, où nos pertes ont été de :

	OFFICIERS		TROUPES	
	Tués	Blessés	Tués	Blessés
2e armée	61	301	711	4.098
3e armée	8	22	192	364
Corps d'armée de Saint-Denis	3	19	33	218
Totaux	72	342	936	4.680

RÉSUMÉ

	Tués	Blessés
Officiers.............	72	342
Troupes..............	936	4.680
Totaux....	1.008	5.022

Pertes faibles en comparaison de celles de l'ennemi, dont plusieurs régiments ont été entièrement anéantis.

Les fusils pris sur le champ de bataille servent à la défense nationale.

Des scandales ayant été occasionnés par la présence de quatre officiers prussiens, prisonniers sur parole selon les lois de la guerre et accompagnés dans un restaurant de Paris, le chef d'état-major général les interne à La Roquette, autant dans leur propre intérêt que pour éviter toute agitation.

Funérailles du commandant Franchetti et du colonel de La Monneraye.

La famille de Goësbriant compte quarante de ses membres dans l'armée de Paris. Trois ont été tués.

Gustave Flourens, créateur du bataillon dissous des tirailleurs de Belleville, est arrêté.

Les artilleurs célèbrent la Sainte-Barbe chez Douix.

On ne fait plus que du pain bis, mêlant le son à la farine.

—

Jeudi 8

QUATRE-VINGT-UNIÈME JOURNÉE

La neige tombe depuis la veille. Tout est enseveli sous le froid linceul.

Hors les murs, route de Villiers, depuis trois jours, M. de la Grangerie, assisté des membres des ambulances de la Presse, et aidé des Frères de la doctrine chrétienne, ensevelit nos morts, conformément à un armistice sollicité par l'ennemi occupé à la même sombre besogne.

Ce n'est qu'aujourd'hui, au soir, qu'on se retire, ayant, depuis le matin, enseveli 685 Français tombés sur le champ de bataille.

Obsèques du général Ladreit et du lieutenant-colonel de la Monneray.

M. Rozenkrantz, élève de l'Ecole militaire de Stockolm, engagé au bataillon des Volontaires de la défense, est décoré de la Légion d'honneur pour son admirable conduite à la tête d'une poignée de Suédois, le 2 décembre à Champigny.

A une heure du matin, l'aérostat le *Denis Papin* part de la gare d'Orléans.

Plus de gaz sur la voie publique, si ce n'est encore sur les boulevards, de cinq en cinq becs. Dans quelques rues, de rares lampes à l'huile ou à pétrole. L'ancienne banlieue n'est pas éclairée du tout.

La viande n'est plus distribuée qu'en très petite quantité.

On pêche sous la glace le poisson des bassins des Tuileries.

Découvertes d'importantes quantités de seigle dans des magasins particuliers. On les réquisitionne.

—

Vendredi 9

QUATRE-VINGT-DEUXIÈME JOURNÉE

Brouillard épais. Dans la journée, au fort de Montrouge, on essaie les canons de la nouvelle fabrication. A la nuit, feu continu de tous nos forts du sud.

Aucune nouvelle du dehors.

Grand mouvement de concentration des troupes prussiennes en arrière de Meudon, Villejuif et Saint-Cloud.

Aux portes de Paris, la consigne redouble de sévérité. Nul officier ne peut plus rentrer en ville.

On renouvelle les cartes de circulation à l'aide d'un timbre qu'on n'appose que dans les bureaux de l'Etat-major du Gouverneur de Paris.

A midi, aux Invalides, funérailles du général Renault, blessé le 2 décembre au combat de Villiers, mort le 6 à l'hôpital de Lariboisière.

A l'ambulance du Grand-Hôtel, mort d'Emile Texier, lieutenant des mobiles de la Vienne.

L'église Saint-Gervais est transformée en ambulance.

En quatre jours, 6,430 lits pour soldats convalescents ont été mis à la disposition de l'administration par les particuliers.

Sur la demande du général Clément Thomas, les 80 bataillons de guerre de la garde nationale actuellement équipés sont réunis en régiment. Un décret nomme pour les commander :

Au grade de colonel, M. Lardier, chef du 30ᵉ bataillon ;

Au grade de lieutenant-colonel, MM. Jannin, chefs des 6ᵉ ; Jacob, 8ᵉ ; Saunier, 9ᵉ ; Van Hoorick, 11ᵉ ; Mosneron-Dupin, 12ᵉ ; Boursier, 14ᵉ ; de Narcillac, 15ᵉ ; de Crisenoy, 17ᵉ ; Germa, 19ᵉ ; Duval, 24ᵉ ; Lambert, 35ᵉ ; Jametel, 41ᵉ ; de Rancy, 52ᵉ ; Galle, 60ᵉ ; de Brancion, 72ᵉ ; Ibos, 106ᵉ ; Langlois, 116ᵉ ; Arthur de Fonvielle, 118ᵉ ; Rochebrune, 140ᵉ ; Quevauvilliers, 149ᵉ ; Regnaud, 186ᵉ ; De Condamy, 205ᵉ ; Catois, 222ᵉ ; Flotte, 223ᵉ ; Charpentier, 228ᵉ ; de Chastenet, 230ᵉ bataillons.

Tous les chevaux d'artillerie et de cavalerie sont ferrés à glace.

Dans les réunions publiques, des citoyens continuent de réclamer toutes sortes de réformes aussi radicales qu'immédiates et, au nom de la solidarité républicaine, à quêter à tout propos, pour disparaître avec l'argent, comme certain Wallach qui abandonne la présidence du Club des Folies-Bergère le jour où il se trouve dépositaire de 1,200 fr.

Plusieurs denrées pharmaceutiques commencent à manquer. Il n'y a plus d'eau de Pulna.

Première distribution de harengs salés dans les vingt arrondissements.

—

Samedi 10

QUATRE-VINGT-TROISIÈME JOURNÉE

Brouillard épais, neige continue.

Toute la nuit, canonnade des forts.

Le 12 novembre, l'aérostat le *Daguerre,* monté par le marin Hubert et trois voyageurs, étant tombé à Ferrières, aux mains des Prussiens, ceux-ci nous renvoient aujourd'hui un pigeon porteur de dépêches apocryphes, dont l'une, datée de Rouen, est signée de Lavertujon... qui est à Paris.

Le vice-amiral la Roncière le Nourry est nommé grand'croix ; le contre-amiral Pothuau, grand officier, le capitaine de vaisseau commandant le fort d'Ivry, J. Krantz, commandeur de la Légion d'honneur.

Le capitaine de vaisseau Le Normant de Kergrist est promu au grade de contre-amiral.

Réquisition de 800 chevaux et de 500 hommes de la Compagnie des omnibus.

Réquisition de la houille et du coke.

Réquisition du bois blanc, dit de boulange.

Le bois à brûler vaut 70 francs les mille kilos, le charbon de bois 1 fr. 50 le boisseau... quand on en trouve. On se chauffe très peu et l'on ne mange pas beaucoup plus. Le beurre est à 28 francs la livre, les œufs se vendent, à la criée, 927 francs le mille. Le filet de cheval se paye 14 francs et le poisson 10 francs la livre. L'huile d'olive est cotée 7 francs la livre.

Les décès de la semaine s'élèvent à 2,684.

SEMAINE FINANCIÈRE

Bourse, 3 o/o, 53 65, 4 1/2, 80. — Banque, 2,689. — Crédit mobilier, 725. — Crédit Foncier, 955. — Société générale, 472 50. — Nord, 985. — Orléans, 797. — Lyon, 845. — Midi, 585. — Ouest, 520. — Suez, 225.

—

Dimanche 11

QUATRE-VINGT-QUATRIÈME JOURNÉE

Toute la nuit, canonnade des forts de Vanves et d'Issy sur Clamart.

A 2 heures du matin, départ, de la gare du Nord, de l'aérostat le *Général Renault*, monté par trois voyageurs.

Vers 4 heures du matin, sous la violente action d'une gelée intense, un énorme bloc de pierre se détache de l'église Saint-Eustache et vient se briser sur le pavé.

Quatre officiers français prisonniers, MM. Guyon, Magnin, Antonioli et Mahulot, de l'armée de la Loire (16e corps, sous le commandement de Chanzy), nous sont rendus en échange d'autant d'officiers prussiens.

Ils nous donnent de satisfaisantes nouvelles de la province, de nos troupes et des combats livrés par elles à Coulmiers, Saint-Peray, Paron, Patay, Artenay, Cercottes, Chevilly, la Villeprevôt et Villepion.

Le sergent Hoff aurait disparu dans la journée du 2 décembre.

A l'ambulance du Grand-Hôtel, mort de M. Pierre de

Lespinasse, engagé volontaire, sergent-major au 122ᵉ de marche.

Le préfet de police Cresson emploie en secours l'argent des fonds secrets.

Recensement fait, il y a à Paris plus de 50,000 chevaux, non compris ceux de l'armée.

Panique produite par le bruit d'un prochain rationnement du pain par le gouvernement.

La vente de la farine est interdite.

—

Lundi 12

QUATRE-VINGT-CINQUIÈME JOURNÉE

Température glaciale. Ciel brumeux. Le soir et toute la nuit, verglas impitoyable. A 9 heures du soir, un bolide traverse le ciel, allant du Sud au Nord.

Dans la journée, feu des forts de Montrouge et de Vanves sur le plateau de Châtillon et le village de Bagneux, où les Prussiens étaient entrés en assez grand nombre.

Récompenses dans le bataillon des éclaireurs de la Seine : Légion d'honneur, MM. Edouard Joly de Marval, capitaine, de Begé et de Bully, éclaireurs. Médaille militaire, MM. Chatelin, brigadier, Guérin et Gueydon, éclaireurs,

Le gendarme Géliaud, blessé le 2 décembre et amputé aujourd'hui d'une jambe, à l'ambulance du Théâtre Français, porté par le général Tripier pour la médaille militaire en raison de son héroïque conduite, est décoré de la Légion d'honneur, et pensionné par le Gouverneur de Paris.

Le baron Saillard, chef du 1ᵉʳ bataillon des mobiles de la Seine, atteint de quatre coups de feu le 30 novembre, est promu au grade de commandeur de la Légion d'honneur.

Le chef d'escadron d'artillerie Larquet est nommé colonel.

Le recensement définitif des ambulances privées donne un total de 25,826 lits.

Décret prolongeant d'un mois, à partir du 14 décembre, les délais accordés aux effets de commerce.

Le Gouvernement, pour rassurer la population et faire cesser la panique, déclare que le pain ne sera pas rationné.

Plus de légumes ordinaires. On se rejette sur ce qu'on trouve de produits exotiques.

Reddition de Phalsbourg. A bout de vivres, le commandant Taillant, tout son matériel de guerre détruit, fait ouvrir les portes et se rend à discrétion. De son propre mouvement, le roi de Prusse accorde aux officiers de conserver leur épée, aux soldats leur sac, et les autorise à choisir les villes où ils doivent se rendre comme prisonniers.

Mardi 13

QUATRE-VINGT-SIXIÈME JOURNÉE

Aucun fait de guerre.

Au fort de Montrouge, essai de 25 nouvelles pièces de 7.

Le général Ducrot, qui vient d'apprendre la mort de son frère, passe la journée au Mont-Valérien où l'on essaye une nouvelle pièce, *Valérie*, qui porte jusqu'à la terrasse de Saint-Germain.

Les compagnies de marche de la garde nationale continuent de remplacer des mobiles aux avant-postes.

En raison des pertes subies dans les derniers combats, le 1er corps, commandé par le général Blanchard, est dissous, et la division de Malroy en partie dirigée sur la 3e armée.

Le colonel de gendarmerie Louis-Ernest Valentin est nommé général de brigade.

Les généraux de brigade Boissonnet, Berthaut et de Carrey de Bellemare sont nommés généraux de division.

Les colonels Ragon, Tyrbas de Chambéret, de Belgarie, Fournès et Bonnet, sont nommés généraux de brigade.

Le sous-lieutenant Guillouzie, 5e compagnie, 4e bataillon, 50e régiment des mobiles de la Seine-Inférieure, est révoqué pour abandon de son poste devant l'ennemi.

Sur 47 sœurs de charité envoyées à Bicêtre pour soigner les varioleux qui y sont hospitalisés, onze d'entre elles étant mortes de l'épidémie, 32 autres se présentent pour les remplacer.

A la Monnaie, on frappe les premières pièces de billion à l'effigie de la République, type Oudiné.

—

Mercredi 14

QUATRE-VINGT-SEPTIÈME JOURNÉE

Aucun fait d'armes.

Pas de nouvelles du dehors, ce qui, plus que tout, énerve et enfièvre la population. Aussi, que de folies débitées dans les clubs !

Gare du Nord, à 3 heures du matin, M. Lucien Morel, rentré à Paris à travers les lignes prussiennes, repart, avec M. Billebaut, dans la *Ville de Paris*, conduit par l'aéronaute Delamare, chargé d'une importante mission.

Le bataillon dit des *Volontaires du 147e* est dissous.

L'industrie privée arrive à fondre quatre batteries par jour.

L'omnibus des boulevards ne part plus que de dix en dix minutes.

Toutes les autres lignes restreignent proportionnellement leur service.

Une affiche gouvernementale rassure la population sur les approvisionnements en farine et viande.

A 11 heures, à la Madeleine, funérailles du baron

Saillard, mort de la suite des blessures reçues deux jours avant.

On est, dit le faire-part, prié d'assister aux obsèques « de la part de la famille absente. »

Le général de division Susleau de Malroy commande la 1re division active de la 3e armée; le général Soumain, la 1re division militaire et le territoire.

Le capitaine de Pothier est nommé chef d'escadron.

Sont décorés de la Légion d'honneur : M. Georges d'Irisson d'Hérisson, officier d'ordonnance du général Berthaut, frappé d'un éclat d'obus à Champigny; M. Ellisen, délégué de la Société internationale de secours aux blessés qui, dans la même journée, a eu un cheval tué sous lui.

Quelques grands restaurants font des bouillies et des crèmes de blé à la manière antique.

—

Jeudi 15

QUATRE-VINGT-HUITIÈME JOURNÉE

Le canon tonne toute la nuit. Mais on y est habitué, on n'y fait plus attention et l'on dort.

La température s'étant détendue, arrivée de quatre pigeons, porteurs de nombreuses dépêches privées et publiques, parmi lesquelles deux, des 5 et 11 décembre, adressées au gouvernement par Gambetta et dont voici le résumé :

« Orléans a dû être évacué devant les masses de Frédéric Charles et de Mecklembourg.

« L'armée de la Loire a ensuite été divisée en deux parties commandées par Chanzy et Bourbaki, tous deux dans des positions excellentes, ce dernier sur Bourges et Nevers.

« Le Gouvernement s'est retiré à Bordeaux. Ayant évacué Amiens, l'ennemi marche sur Rouen.

« Faidherbe opère dans le Nord, Briand couvre le Hâvre ; Menteuffel a rebroussé chemin de Honfleur à Paris.

« Brenolles, à Lyon, se dispose à se jeter dans l'Est avec 30,000 hommes.

« Les Prussiens ont levé le siège de Montmédy et de Mézières. Ils sont vigoureusement tenus en échec par Garibaldi entre Autun et Dijon. »

Les chevaux, ânes et mulets sont à nouveau réquisitionnés avec interdiction de les abattre.

Le charbon de terre se vend 7 francs le cent.

Il reste encore du grain pour vivre jusqu'au commencement de février, mais Paris consomme environ 7,000 quintaux de farine par jour et l'on n'est outillé que pour en moudre 3,000. De là, le manque de pain et les fausses alertes de la population.

On vend du chien comme étant du chevreuil. D'aucuns s'y laissent prendre, les connaisseurs, sans réfléchir que le seul gibier du moment est le Prussien.

Création d'une Faculté de Droit à Bordeaux.

—

Vendredi 16

QUATRE-VINGT-NEUVIÈME JOURNÉE

Pluie diluvienne.

Les terrains sont détrempés. On s'embourbe.

Grand mouvement des troupes ennemies : 150,000 hommes au moins sont divisés en trois colonnes, de Saint-Germain à Choisy-le-Roy.

Saint-Cloud n'est plus qu'une ruine. Seule, par miracle, l'église est épargnée.

Ville-d'Avray est dévasté.

Le chef du 200e bataillon de la garde nationale est révoqué pour ivrognerie.

Interdiction aux bataillons de la garde nationale de faire dans Paris des promenades musique en tête pour « quêter au profit des blessés. »

Suppression absolue du gaz. Rues et boutiques, tout est lamentablement éclairé au pétrole.

Plus de combustible. Des marchands de meubles d'occasion brisent leur marchandise et la vendent au détail comme bois de chauffage. Au reste, il y a longtemps déjà que les particuliers se chauffent de tout bois.

—

Samedi 17

QUATRE-VINGT-DIXIÈME JOURNÉE

Arrivée de deux pigeons.

Gambetta annonce qu'il travaille avec Bourbaki à réorganiser la première armée de la Loire; que Chanzy exécute une savante retraite à travers le Perche; que Frédéric-Charles a vainement tenté de passer la Loire à Blois et Amboise; que Faidherbe a repris la Fère.

Dans les mers de la Chine, l'amiral Dupré, sur la frégate française *Vénus*, a coulé la frégate prussienne *Etha*.

A 1 heure du matin, le *Gutenberg*, aéronaute le marin Perruchon et le *Parmentier*, aéronaute le marin Paul Louis, emmenant Jules Père, caporal aux tirailleurs de la Seine, chargé d'une mission verbale pour le général Faidherbe, partent de la gare d'Orléans.

Hyacinthe, du Palais-Royal, triangle à la musique du 32e, est blessé, pendant une revue, par un cheval emporté.

Les bouchers des halles offrent à la Défense un canon de 7, deux fourgons et six magnifiques chevaux.

On récolte le salpêtre dans les catacombes, les égouts et les galeries souterraines des grands monuments.

Le palais de l'Elysée est affecté au service de l'Etat-major des gardes nationales de la Seine.

Le beurre frais coûte maintenant 30 francs la livre, un œuf à la coque 1 fr. 50.

La mortalité a plus que doublé depuis l'investissement. En effet, la nécrologie de la première semaine du siège était de 1,645, celle d'aujourd'hui est de 2,728.

SEMAINE FINANCIÈRE

Bourse, 3 o/o, 52 45, 4 1/2, 81. — Banque, 2,395. — Emprunt, 54 40. — Crédit mobilier, 127 50. — Crédit foncier, 940. — Société générale, 470. — Nord, 980. — Orléans, 755. — Est, 475. — Lyon, 830. — Midi, 580. — Ouest, 491. — Suez, 227 50.

—

Dimanche 18

QUATRE-VINGT-ONZIÈME JOURNÉE

Temps sec, doux et clair.

Les nouvelles reçues du dehors sont ce matin connues de tout le monde.

Encore une fois, on se prend à espérer !

L'avis suivant est partout affiché :

« A partir de demain 19 décembre, à midi, toutes les portes de Paris seront fermées. »

Une nouvelle grande action militaire est donc imminente. Soit. Cette fois, sans doute, elle nous sera définitivement favorable.

Paris passe un dimanche presque joyeux.

Au temple consistorial, les grands rabbins Isidor et Zadoc Kahn célèbrent un service religieux à l'occasion de la cérémonie annuelle de l'*Hanouca* pour appeler les bénédictions de Dieu sur nos armes.

Une quête est faite au profit des blessés. C'est là noble façon de célébrer la fête des Macabées.

Publication de la circulaire adressée de Tours par le délégué du ministre des Affaires étrangères, M. de Chaudordy, à tous les agents diplomatiques de la France, relativement aux exactions et cruautés des Prussiens.

Mise à l'ordre du jour des officiers, sous-officiers et soldats dont les noms suivent: *Première armée* : Roger du Nord, Langlois, de Suzainnecourt, Frédant, Bayart de la Vingtrie, tué; *Deuxième armée*, général baron Renault, tué, général de la Charrière, tué, général de la Mariouse, Boudet, Vosseur, Franchetti, tué, de Néverlée, tué, Viel, Torterue de Sazilly, tué, Trémoulet, Chevalier, Mathis, tous trois tués ensemble, Renouard de Bussières, tué, Bureau, Langlois, Chastagnèdes, Thurel, de Bussy, Delataille, Perseval, tué, Klein, Schultz, Prévault, tué, Cahen, Girouin, tué, Arrighi, Marchand, Proal, tué, Faure, Parisot, tué, Martel, Dognat, Léonville, Subilton, Roques, Mowat dit Bedford, tué, Paltu, tué, Baron, Luzscha, de la Monneraye, tué, Dupuy de Podio, tué, Sanguinetti, tué, de Podenas, tué, Primat, tué, Leroux, tué, de Grancey, tué, de Cambefort, H. Lambert de Cambray, amputé d'un bras et d'une jambe, Botard, Tillet, Sauvan d'Aramon ; *Troisième armée* : Salmon, Desprez, tué, Gervais, Pazzy, Lelièvre, Chicot, Soulié ; Carlavan, Tourenne, Charalet, Davrigny, Furon, Bouteiller, Jacquel, Champion, l'abbé de Marhallah, de Kermoysan, Lejeune, Chambert, Grenon ; *armée de Saint-Denis* : Joachim, Perrier, Roux, Thenaysi, Saillard, tué, Durand, tué, Graux, docteur Ory.

Décret portant que, pendant la durée des opérations militaires, les officiers de tous grades de la garde nationale mobile seront nommés par le Gouvernement.

Départ de l'aréostat le *Davy*.

Un boucher met en vente la viande d'un jeune éléphant et d'une paire de chameaux qu'il a payées 4,000 fr. au Jardin d'Acclimatation.

—

Lundi 19

QUATRE-VINGT-DOUZIÈME JOURNÉE

Aucune action militaire. Silence et néant.

Au *Journal Officiel*, note gouvernementale protestant contre certaines accusations de divers journaux relativement à des hésitations compromettant la défense et à la non communication des nouvelles du dehors.

L'arbre de Robinson sert d'observatoire à l'ennemi.

Depuis trois jours, les incendies se succèdent dans la direction de Garches.

Le journal républicain *Le National* publie les lignes suivantes, fragment d'un journal anglais :

« La nouvelle était à peine arrivée de la reddition de l'armée de Mac-Mahon que, déjà, ici, les représentants de l'Angleterre, de l'Italie et de la Russie, s'occupaient de mettre en avant l'idée d'une Conférence. Un négociateur anglais était, *à ce propos*, envoyé au quartier général prussien à Sedan, et des lettres *autographes* du czar de toutes les Russies étaient adressées et remises au roi Guillaume. »

A 2 heures du matin, départ du *Chanzy*, aéronaute Verrecke.

Quelques boulangers ferment boutique sous le prétexte de manque d'approvisionnements.

—

Mardi 20

QUATRE-VINGT-TREIZIÈME JOURNÉE

Le froid reprend subitement avec intensité.

Les portes sont rigoureusement fermées.

Le Gouverneur de Paris est hors les murs, à la tête de l'armée.

D'importantes opérations de guerre commenceront demain. Plus de cent bataillons de garde nationale mobilisée sont sortis.

Le nouveau service des brancardiers, renforcé des porteurs des pompes funèbres et de fossoyeurs, va commencer sa terrible fonction.

Le fils du célèbre dessinateur philosophe, M. Pierre Gavarni, capitaine d'état-major de la garde nationale, est décoré pour sa belle conduite le 2 décembre.

M. Étienne de Bussière, officier d'artillerie, meurt des suites d'une blessure reçue le 30 à Montmesly.

Le musicien Eugène Ketterer, meurt de la variole.

L'abbé Blanc, vicaire d'Issoudun, atteint d'une balle en accompagnant les mobiles de l'Indre, à l'attaque de

Choisy-le-Roi, le 3o novembre, succombe aux suites de sa blessure.

Richard Wallace donne 6o,ooo francs pour les blessés, les veuves et les orphelins.

On commence à envoyer les chevaux de luxe à l'abattoir.

—

Mercredi 2 1

QUATRE-VINGT-QUATORZIÈME JOURNÉE

Brume intense. Bise glaciale. Plusieurs hommes meurent gelés.

Du Mont-Valérien à Nogent, l'attaque annoncée hier commence dès l'aube; marins, troupes régulières, mobiles et garde nationale y prennent part.

Commandés par le général Vinoy et soutenus par l'artillerie, le plateau d'Avron et le fort de Nogent, les généraux Malroy et Blaise occupent Nogent-sur-Marne, la Maison-Blanche et la Ville-Evrard où, la nuit, le général Blaise est mortellement atteint par des soldats prussiens restés cachés dans les caves.

Le général Fave, commandant l'artillerie de la 3e armée, est grièvement blessé.

Les troupes de l'amiral La Roncière le Nourry attaquent le Bourget absolument en ruines et défendu par l'armée du prince Albert de Saxe, y faisant une centaine de prisonniers sans pouvoir l'occuper.

Le vicomte Pierre Duquesne, de la famille de l'illustre

marin, et les officiers Moran, Laborde et Pelletrau sont tués ; MM. La Mothe-Henet, Bouisset, Caillard, Patin et Witz, sont blessés.

Nos marins font des prodiges ; partis 600, ils ne reviennent que 321.

Le général Noël opère sur Montretout, Buzenval et Longboyau, tandis que le chef de bataillon Faure, grièvement blessé, s'empare de l'île du Chiard où les francs-tireurs de la Seine pénètrent par le pont ruiné du chemin de fer et où leur chef, le capitaine Haas, est frappé à mort.

M. Anatole Duruy est atteint d'un éclat d'obus, aux côtés du général Clément Thomas.

Jean-Marie Baffié, frère Néthelme, est frappé mortellement.

Obsèques du baron de Cambrai, sous-lieutenant des mobiles du Loiret, amputé de la cuisse et du bras, après le combat du 30 novembre.

M. de Janzé est décoré.

Le conseil de guerre du 5e secteur condamne *par défaut* le sieur Mégy à deux ans de prison pour voies de fait envers le commandant Marie.

—

Jeudi 22

QUATRE-VINGT-QUINZIÈME JOURNÉE

Redoublement du froid multipliant les cas de congélation.

Silence des forts.

A 2 h. 1/2 du matin, le marin Ledret part de la gare d'Orléans dans l'aérostat le *Lavoisier*, poussé vers le midi par le vent glacial.

L'éclipse de soleil, que l'astronome Janssen est allé observer en Algérie, est en partie visible à Paris, de 11 h. 20 à 1 h. 37.

Pas de partie officielle au *Moniteur de la République*.

La journée d'hier, dit seulement une note, sans résultat définitif, n'est que le commencement d'une série d'opérations : elle a démontré l'excellente tenue de nos bataillons de marche et la supériorité de notre nouvelle artillerie.

Forte reconnaissance, partie du fort d'Issy, dans les bois de Clamart, par les 4e et 5e bataillons de mobiles de la Seine, sous les ordres du chef de bataillon Delclos.

Le capitaine Guyonnet est grièvement blessé ainsi que le sergent Gervaise.

Belle conduite du soldat Descamps.

Troubles à Montmartre où les soldats du 32e bataillon, ramenés par le bon plaisir de leur chef, M. Dheu, sont traités de fuyards. Le colonel Montagu, chef d'état-major, justifie les hommes mais punit leur commandant.

Le *Combat* publie une étrange lettre de M. Léo Melliet, adjoint du 13e arrondissement, donnant un *satisfecit* à ceux des gardes nationaux du 101e convaincus d'ivrognerie et de désordres graves commis à Issy.

M. Yvose Laurent, fabricant de bâches, offre 60,000 fr. pour les blessés.

Place de la Trinité, un orfèvre se fait tout à coup marchand de comestibles.

Vendredi 23

QUATRE-VINGT-SEIZIÈME JOURNÉE

Température sibérienne.

Le soir, vive canonnade sur plusieurs points.

Grand mouvement de troupes et d'artillerie ennemies venant prendre position devant le Bourget.

Une note, annonçant la suspension momentanée des opérations militaires commencées, donne champ aux âpres critiques des clubs et des journaux le *Réveil* et le *Combat* sur le plan du général Trochu.

Ces deux feuilles réclament la Commune et Félix Pyat propose de nommer Garibaldi commandant en chef de la garde nationale de Paris.

A 3 heures du matin, départ de la gare du Nord de la *Délivrance*, aéronaute Gauchet.

On établit au Louvre de vastes ateliers pour la réparation des armes.

On rationne les animaux du Jardin des Plantes.

—

Samedi 26

QUATRE-VINGT-DIX-SEPTIÈME JOURNÉE

Le thermomètre centigrade de l'ingénieur Ducray-Chevalier, au Pont-Neuf, a marqué :

A minuit, 9 degrés 5/10°.

A 6 heures du matin, 12 degrés.

A midi, 8 degrés 7/10°.

Hors les murs, la température est descendue jusqu'à 15 degrés au-dessous de zéro.

La Seine charrie.

Pas d'incident militaire remarquable. Reconnaissance sur le Raincy. Tir fréquent des forts et de notre artillerie de Bondy et du plateau d'Avron.

Le colonel du 121ᵉ d'infanterie, M. Maupoint de Vaudel, meurt des suites de sa blessure.

A l'Hôtel-de-Ville, Gustave Chaudey, adjoint au maire, reçoit la députation des habitants de Paris originaires de l'Auvergne, chargés de présenter au gouvernement deux pièces de canon de 7, l'*Auvergne* et le *Vercingétorix*.

On apprend qu'Emile de Girardin et son neveu, Léonce Détroyat, nommé général de division, organisent à La Rochelle une armée de 150,000 hommes, nouvelle qui égaye un instant la tristesse générale.

Pour célébrer la Noël, sur l'initiative de M. Yung, matinée littéraire, dans la salle du Conservatoire, au profit de la Société de secours aux victimesde la guerre. Conférence de Louis Ratisbonne sur « Noël à Paris et en Allemagne en 1870. » M. Got dit *La prise de la Redoute*, de Mérimée ; Mˡˡᵉ Marie Royer, deux poésies d'Hugo ; M. Archambaud chante le *Noël* d'Adam.

On se chauffe et se nourrit de moins en moins. Le bois à brûler coûte 90 fr. les mille kilos ; le charbon de bois, 2 fr. le boisseau. — Le beurre a atteint le prix de 35 fr. la livre. Un œuf frais vaut 2 fr. Un dindon est vendu 100 fr. et Brébant paye un mouton 1,164 fr. La pomme de terre, si indispensable, est à 15 fr. le boisseau, l'oignon à 4 fr. le litre.

SEMAINE FINANCIÈRE

Bourse, 3 o/o, 25 75 ; 4 1/2, 79 75. — Banque, 2,395. — Société générale, 470 50. — Crédit Foncier, 937 50. — Ouest, 490. — Nord, 980. — Orléans, 762 56. — Lyon, 822 50. — Suez, 230.

—

Dimanche 25

QUATRE-VINGT-DIX-HUITIÈME JOURNÉE

Température glaciale exceptionnelle.

Le travail des tranchées a dû être interrompu, le sol étant gelé à plus de 50 centimètres de profondeur.

Par raison sanitaire, partie des gardes nationales employées hors les murs rentrent dans Paris ; ce retour de bataillons sortis pour une action décisive décourage la population. Cependant, ce n'est que partie remise.

Parmi les blessés des derniers jours, on note MM. de Belzunce et Savry.

Plus de bois de chauffage. On annonce la mise en coupe réglée des forêts de Vincennes et de Boulogne.

Noël !

Pas de journaux. Pas de nouvelles !

Pas de messe de minuit non plus, ni de réveillon. Eglises et restaurants sont fermés. On rêve d'un boudin fait avec l'Allemand.

Cependant, des nationaux étrangers soupent chez Voisin. Voici le menu de ce festin du 98ᵉ jour de siège:

POTAGE

Saint-Germain

ENTRÉE

Côtelettes de loup chasseur

RÔTIS

Chat garni de rats rôtis

Sauce poivrade

Chameau rôti

ENTREMETS

Salade de légumes

Cêpes à la bordelaise

Plum pudding au rhum

Bombe... glacée

Desserts variés

—

Vins du pays

—

Vive la France !

En raison du manque croissant de la viande, la science invente « l'osséine », partie nutritive des os, mise en pratique par le pâtissier Pons.

Nouvelle réquisition des blés et farines.

Il y a encore du pain sur la planche.

Sur les boulevards, des boutiques volantes s'installent en vue du jour de l'an, vendant comme à l'ordinaire bombons et jouets et surtout, industrie du moment, de petites lanternes devenues indispensables.

—

Lundi 26

QUATRE-VINGT-DIX-NEUVIÈME JOURNÉE

Le Gouvernement publie un exposé détaillé des opérations entreprises le 21 et que le froid n'a pas permis de poursuivre.

A dix heures du matin, le 7e bataillon des mobiles de la Seine conduit par le colonel Valette, sous les ordres du général Hugues, abat un mur du parc de la Maison-Blanche derrière lequel s'était fortifié le 106e régiment, 6e saxon, qui prend la fuite. Nous perdons un homme, Louis Talvande, et faisons quelques prisonniers.

Un parlementaire prussien remet aux avant-postes de Saint-Denis une lettre adressée à l'amiral La Roncière Le Nourry qui, sous prétexte d'un échange de prisonniers, a pour but de nous annoncer que les 23 et 24, notre armée du Nord a été défaite à l'est d'Amiens par le général de Manteuffel. La population ne se laisse pas prendre à ce nouvel essai d'intimidation.

M. de la Grangerie, accompagné du docteur Sarrazin, entame vainement des négociations en vue d'une suspension d'armes de quelques heures afin de relever les morts tombés au Bourget.

A 11 heures, à Saint-Sulpice, obsèques du frère Néthelme, blessé au Bourget. Mgr Bauer, MM. Léon Béquet, Ricord, Demarquay, A. Gouzien y assistent ainsi que MM. Hérisson et Jules Ferry, organisateur des brancardiers, qui prononce quelques mâles paroles.

Obsèques d'Amédée Roland.

A 4 heures du matin, gare d'Orléans, départ du *Tourville*, dirigé par le marin Moutet et, à 5 heures, gare du Nord, du *Merlin de Douai.*

Au ministère de l'Instruction publique, vente au profit des victimes de la guerre. Les étalages, tenus par MM^mes Jules Simon, Dorian, Charles Hugo, Paul Meurice, Floquet, Ulbach, etc., font 18,800 francs le premier jour.

A mesure que la température baisse, les cerveaux s'échauffent. Les propositions les plus folles sont faites dans les clubs.

Un boucher achète 27,000 francs les trois éléphants du Jardin des Plantes, abattus à coup de fusil.

—

Mardi 27

CENTIÈME JOURNÉE

Pour la seconde fois l'Empire nous vaut les cent jours !

On se réveille sous une neige épaisse.

Les glaçons que charrie la Seine interrompent le service des bateaux-mouches.

Dans la nuit, une forte détonation entendue du Mont-Valérien donne à penser que les Prussiens ont fait sauter le pont du chemin de fer de Rouen.

Le matin, ils font sauter la gare aux bœufs.

Les Prussiens démasquent 3 batteries de gros calibre établies sur la route de l'Ermitage, au Raincy, 3 à Gagny, 3 à Noisy-le-Grand et 3 au pont de Gournay et, à 8 heures 10 du matin, commence un violent bombardement contre nos forts de Noisy, Rosny, Nogent et nos positions d'Avron.

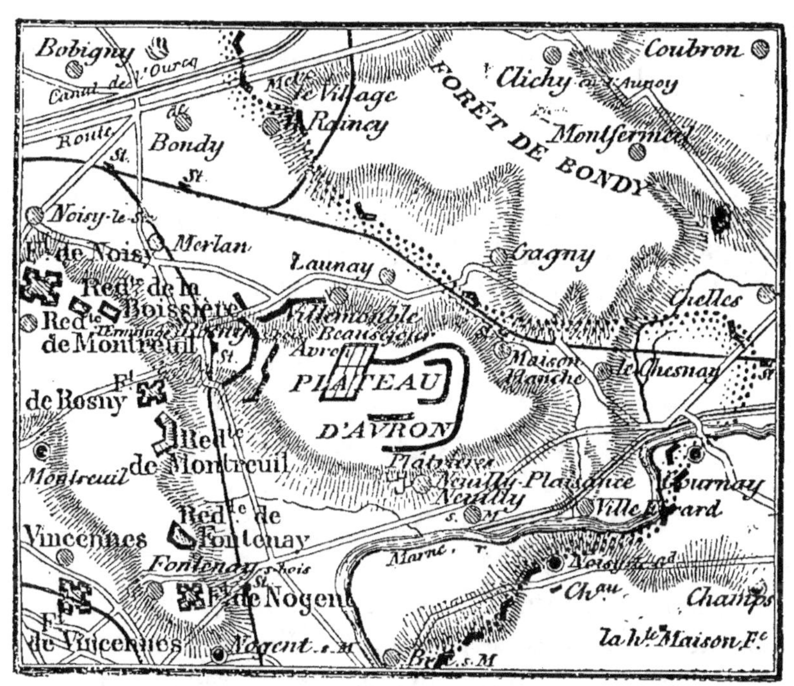

JOURNÉES D'AVRON

Ce terrible feu ne cesse qu'à 5 heures, attaque brutale qui exaspère le courage et raffermit la haine de la population dont la constance est résolue à tout.

Notre feu, très vif, a fait éprouver de sérieuses pertes à l'ennemi. A Avron, nous avons quatre tués, les officiers Berthics, Dufour et Bury et l'abbé Gros, vicaire de Saint-Ambroise, aumônier volontaire du 6e bataillon des mobiles de la Seine.

Hier, l'ennemi a fait sauter le pont du chemin de fer de Saint-Germain.

La légion de cavalerie de la garde nationale, colonel Quiclet, offre deux canons à la Défense, le *Trot* et le *Galop*.

Le froid provoque des désordres dans quelques quartiers où la population brise et prend ce qu'elle trouve pour se chauffer.

Des ingénieurs sont chargés d'abattre les arbres de nos boulevards et de pratiquer des éclaircies dans les bois de Boulogne et de Vincennes.

Le libre commerce des os de boucherie est rétabli.

—

Mercredi 28

CENT-UNIÈME JOURNÉE

Les fameux canons Krupp continuent le bombardement des forts de Rosny, Noisy et Nogent. Comme la veille, le plateau d'Avron, position découverte, est labouré par le tir de huit batteries convergentes qui y font pleuvoir plus de 6,000 projectiles de 24. Dans la journée, le général Trochu visite la position dont l'évacuation est décidée. Il s'agit de sauver 74 pièces d'artillerie, opération difficile qui ne pourra s'effectuer qu'à la faveur de la nuit.

Reconnaissance vigoureuse du commandant Desclos,

du 5ᵉ bataillon de la Seine sur le Bas-Meudon et le Val-Fleury.

Inutile attaque contre la maison Crochard, mais l'ennemi se masse et se fortifie dans Chatou, brûlant toutes les maisons qui le gênent.

L'armée allemande est décimée par des maladies de toutes sortes.

Création dans la garde nationale de la Seine de 32 bataillons de Paris, portant les numéros 28 à 59. En sont nommés lieutenants-colonels : MM. de Saint-Geniès, Martin du Nord, Choppin d'Arnouville, Sozerard, Huner, Savigne, Tongas, Alet, Piazza, Thierry, Chaper, Gros, Ruinet, Sanchez, Bixio, Pasturin, Quinel, Longefay, Ulrich de Fonvielle, Vernaux, Passetti, Janicot, Bourgonnier, Desforges, Baudoin, Delamarche, Jacquot, Epardeaux, Louis Noir, Dianoux, Mathieu, Usse.

Le bombardement des forts, sans nul doute, est précurseur du bombardement de la ville. On entre dans la période tragique, mais on est résolu à tout et la population reste calme et forte.

Des élèves tambours battent au champ en voyant passer un troupeau de bœufs réservés aux ambulances.

—

Jeudi 29

CENT-DEUXIÈME JOURNÉE

Même température glaciale.
Continuation du bombardement.

Nous achevons l'évacuation du plateau d'Avron sur lequel le bombardement redouble d'intensité. Pendant la nuit, nous enlevons 70 de nos pièces de canon.

M. Eugène Collonier, lieutenant de la garde mobile vendéenne, officier d'ordonnance du général Fournès, est tué par un obus.

M. de Belzunce meurt des suites de sa blessure.

Départ de l'aérostat *Bayard*.

Décrets autorisant la Banque de France à créer des Coupures de vingt francs et constituant la Commission de vérification des comptes des ministres pour 1870, commission composée de MM. Duclerc, Bethmont, Javal, H. de Choiseul, Brésillon, Vavasseur, David, O'Donnel, Pichet de Grandchamp et le Prieur de Blainvillers.

Les habitants du 8e arrondissement donnent 25,000 francs à répartir dans les quartiers les plus éprouvés.

Les pharmaciens manquent absolument des huiles et graisses indispensables à la préparation des pommades, onguents et médicaments.

Les blanchisseuses, ne pouvant plus blanchir, faute de coke, le linge blanc devient un luxe.

—

Vendredi 30

CENT-TROISIÈME JOURNÉE

Toujours la gelée sur la neige, que nos soldats appellent la gelée noire. De fait, beaucoup en meurent et un recensement nouveau démontre une très sensible diminution de la population de Paris.

A 7 h. 45 m. l'ennemi recommence un feu nourri, bombardant avec acharnement les forts de Rosny et surtout de Nogent.

L'affiche suivante est placardée dans la journée :

PROCLAMATION DU GOUVERNEMENT

« Citoyens et Soldats !

« De grands efforts se font pour rompre le faisceau des sentiments de confiance réciproque auxquels nous devons de voir Paris, après plus de cent jours de siège, debout et résistant. L'ennemi, désespérant de livrer Paris à l'Allemagne pour la Noël, comme il l'a solennellement annoncé, ajoute le bombardement de nos avancées et de nos forts aux procédés si divers d'intimidation par lesquels il a cherché à énerver la défense. On exploite devant l'opinion publique les mécomptes dont un hiver extraordinaire, des fatigues et des souffrances infinies ont été la cause pour nous. Enfin, on dit que les Membres du Gouvernement sont divisés dans leur vue sur les grands intérêts dont la direction leur est confiée.

« L'armée a subi de grandes épreuves, en effet, et elle avait besoin d'un court repos que l'ennemi lui dispute par le bombardement le plus violent qu'aucune troupe ait jamais éprouvé. Elle se prépare à l'action avec le concours de la Garde nationale de Paris, et, tous ensemble, nous ferons notre devoir.

« Enfin, je déclare ici qu'aucun dissentiment ne s'est produit dans les conseils du Gouvernement et que nous sommes tous étroitement unis en face des angoisses et des périls du pays, dans la pensée et dans l'espoir de sa délivrance.

> « *Le Gouverneur de Paris,*
> « Général Trochu. »

Le temps fuit. Après l'abnégation, le peuple de Paris demande l'action, l'action héroïque, quelle qu'en doive être l'issue.

Rapports élogieux du contre-amiral Pothuau, des généraux Beaufort et Ribourt et du colonel Le Mains sur l'attitude de la Garde nationale pendant les dernières journées.

Un marchand de comestibles affiche ceci :

Joli choix de fromages pour Etrennes.

—

Samedi 31

CENT-QUATRIÈME JOURNÉE

Neige et glace ! Lugubre Saint-Sylvestre ! Et, en raison du froid, pas le moindre pigeon consolateur, pas la plus mince nouvelle du dehors !

L'ennemi augmente ses batteries de gros calibre. Ses projectiles atteignent maintenant Groslay, Drancy, Bobigny, Bondy et même La Folie et Noisy-le-Sec.

Quant aux forts de Rosny, Nogent et Noisy, ils sont criblés d'obus.

A 11 heures du soir, forte mais inutile reconnaissance

des Prussiens sur Bondy, où nos troupes leur font subir de sérieuses pertes.

L'amiral Saisset remercie et félicite hautement les vingt bataillons de garde nationale mobile placés sous ses ordres et qui rentrent dans Paris pour y attendre une prochaine action.

Le commandant Duruy est heureusement en voie de guérison.

A l'Académie française, qui proroge au 31 mars prochain tous les concours dont le délai avait été fixé au 31 décembre, M. Vitet est nommé directeur et M. E. Augier, chancelier pour le premier trimestre de 1871.

A l'hôtel des Postes, où, l'an dernier, on a distribué quatre millions de cartes de visite, à peine en distribue-t-on cette année quatre mille. Et c'est beaucoup, déjà, quand on songe à la situation.

La question des vivres empire de plus en plus. Quelques prix : Pommes de terre, 25 fr. le boisseau ; un œuf, 3 fr. ; beurre, 40 fr. la livre ; fromage de gruyère, 3o fr. la livre ; un chou, 20 fr.

La salade de mâches se vend 3 fr. la livre. Un dindon est payé 180 fr., un gigot de mouton 175 fr. L'ours et le chameau sont à 3o fr. la livre, ainsi que l'éléphant dont la trompe vaut 80 fr. le kilo ; un lapin, 35 fr. ; un chat, 20 fr.

La nécrologie augmente. La quinzième semaine du siège enregistre 3,280 décès.

SEMAINE FINANCIÈRE

Bourse, 3 o/o, 57 80 ; 4 1/2, 81. — Banque, 2306. — Emprunt, 52,80. — Société générale, 470,50. — Crédit mobilier, 120. — Crédit Foncier, 890. — Orléans,

737,5o. — Ouest, 48o. — Midi, 55o. — Lyon, 78o. — Nord, 95o. — Est, 38o. — Suez, 220.

—

Dimanche 1ᵉʳ janvier 1871

CENT-CINQUIÈME JOURNÉE

1871.

« Adieu 1870! Adieu fatale année! s'écrie John Lemoine dans une fougueuse inspiration de patriotique colère. Aussi lourdement tu as pesé sur la terre, aussi lourdement puisse la terre peser sur toi.

« Que toutes les pelletées que nous jetons chaque jour sur nos morts s'accumulent sur ta tombe et sur ta mémoire! »

Sous la neige gelée, dans la brume et sans lumière, Paris est lugubre. Plus de luxueux étalages, pas de petites boutiques. Rues et boulevards sont également déserts.

Toute la nuit et jusqu'à 11 heures du matin, le bombardement redouble d'intensité sur nos forts de Bondy et de Rosny. Un lieutenant d'artillerie de la garde nationale est tué.

A 5 heures du matin, le capitaine Eugène Lemoine part dans l'aérostat l'*Armée de la Loire*.

Pour ses étrennes, exposé officiel du Gouvernement, criant *Courage* à l'anxiété de cette population, dont la résolution étonne et déconcerte l'ennemi. Rien de positif, aucune nouvelle du dehors n'étant parvenue depuis le 14 décembre, mais Paris se trouve face à face avec le malheur, il lui fera baisser les yeux.

Proclamation de la commission des barricades relative aux précautions à prendre en vue du bombardement de la ville.

Décret maintenant le second décime pour 1871.

Le *Journal officiel* assure que la population ne manquera pas de bois à brûler.

La charpie fait défaut. Force est d'utiliser les vieilles cordes goudronnées de la marine.

Et, tandis que l'Opéra donne le *Désert*, de Félicien David, la Comédie-Française, transformée, comme on sait, en ambulance, joue le *Misanthrope* et le *Malade imaginaire*.

—

Lundi 2

CENT-SIXIÈME JOURNÉE

Toujours même froid et, partant, pas de pigeons, c'est-à-dire pas de nouvelles. Mutisme absolu de *l'Officiel*.

Morne, silencieux, Paris, attend.

Reconnaissance d'une forte patrouille sur Rueil.

Pendant la nuit, *relativement* calme, l'ennemi fait sauter la tour aux Anglais, bombarde les forts de Noisy et de Nogent ainsi que les villages environnants : 600 projectiles sont lancés sans résultat sur le fort de Nogent.

Au reste, l'ennemi a commencé de bombarder les quartiers du Sud, Montrouge, Grenelle, les Gobelins.

Il y a un an, jour pour jour, l'Empire constituait le fameux ministère « des honnêtes gens » qui devait amener la guerre.

—

Mardi 3

CENT-SEPTIÈME JOURNÉE

Ouverture de la Neuvaine de Sainte-Geneviève, patronne de Paris !

Le feu de l'ennemi se concentre et s'accentue de plus en plus sur nos forts de l'Est, Nogent, Rosny et Bondy. Ce dernier a reçu aujourd'hui trois obus par minute.

Expédition hardie de cent hommes des éclaireurs Poulizac sur Groslay, où ils font six prisonniers, mais où le commandant Ruel est mortellement blessé.

Sans commentaires, le rapport suivant d'un avant-poste du 43e bataillon de marche à Billancourt :

« Une bombe, tombée entre les jambes du faction-naire, ne l'a pas atteint. Rien de nouveau. »

En vue d'un bombardement, les ambulances de Saint-Denis sont transportées à Paris.

Décret ouvrant, sur l'exercice 1871, un crédit provi-soire de vingt millions pour faire face aux dépenses des gardes nationales de France.

Deux numéros de journaux anglais, qui nous par-viennent, ravivent l'espérance en donnant de satisfai-santes nouvelles de l'armée de la Loire.

M. Alphonse de Rothschild met au service de la
ville de Paris des bons d'objets de confection représentant une valeur de deux cent mille francs.

Le *Réveil* publie le programme politique que devra
adopter la Commune. C'est plein d'aimables promes-
ses et de vues d'ensemble vraiment particulières.

On parle sérieusement de rationner le pain qui a
manqué déjà dans certains quartiers.

—

Mercredi 4

CENT-HUITIÈME JOURNÉE

Continuation du bombardement des forts de l'Est.
1,200 obus sans effet s'abattent sur le fort de Nogent.

Toute la nuit, l'ennemi canonne les villages de Montreuil et de Bondy.

A 4 heures du matin, nous repoussons un détachement qui tente de s'emparer de la ferme des Mèches.

A 4 heures 1/2, les éclaireurs du 139e d'infanterie de
ligne surprennent une patrouille ennemie et lui font
trois prisonniers.

Plusieurs obus tombent dans Paris, sur les quartiers d'Issy et Vaugirard.

A 4 heures du matin, l'aérostat le *Newton* part de
la gare d'Orléans.

Un nouveaux délai de trois mois est accordé aux
locataires habitant le département de la Seine.

—

Jeudi 5

CENT-NEUVIÈME JOURNÉE

L'affiche suivante est placardée :

BOMBARDEMENT DE PARIS

Jeudi soir, 5 janvier.

Le bombardement de Paris est commencé.

L'ennemi ne se contente pas de tirer sur nos forts, il lance ses projectiles sur nos maisons, il menace nos foyers et nos familles.

Sa violence redoublera la résolution de la Cité qui veut combattre et vaincre.

Les défenseurs des forts, couverts de feux incessants, ne perdent rien de leur calme et sauront infliger à l'assaillant de terribles représailles.

La population de Paris accepte vaillamment cette nouvelle épreuve. L'ennemi croit l'intimider, il ne fera que rendre son élan plus vigoureux. Elle se montrera digne de l'armée de la Loire qui a fait reculer l'ennemi, de l'armée du Nord qui marche à notre secours.

Vive la France ! Vive la République !

GÉNÉRAL TROCHU, JULES FAVRE, EMMANUEL ARAGO, JULES FERRY, GARNIER-PAGÈS, EUGÈNE PELLETAN, ERNEST PICARD, JULES SIMON.

Nos forts répondent coup pour coup au bombardement de l'ennemi.

Issy, Vanves, Montrouge, ainsi que les redoutes des Hautes-Bruyères, du Moulin-Saquet et de Vitry, continuent d'être criblés de projectiles de 0 m. 35 m. de hauteur et 0 m. 22 m. de diamètre et d'autres de 148 millimètres sur 148, d'un poids de 120 kilos en moyenne.

Cette formidable dépense d'engins destructeurs ne nous coûte que neuf tués, dont un capitaine et une quarantaine de blessés dont quatre officiers parmi lesquels le capitaine Vibert, du fort de Vanves.

Les villages des environs sont également bombardés, Rosny et Montreuil particulièrement.

Forte et heureuse reconnaissance du général Fournès sur le plateau d'Avron où nous faisons trois prisonniers saxons.

L'ennemi, ayant inutilement attaqué Bondy, le bombarde avec acharnement.

Des obus tombent dans Paris, à Montrouge, avenue d'Orléans, rue Daguerre, rue Gay-Lussac et sur plusieurs points du quartier Saint-Jacques.

La population, qui s'attroupe sur les grandes voies pour regarder tomber les projectiles, reste calme, trouvant des rires de mépris pour le peu d'effet du bombardement.

Faute de chevaux, les omnibus réduisent encore leur service.

La corporation des marchands de vins offre à la défense une pièce de 7 portant le nom de « *Jean Rouvet* » l'inventeur du flottage.

Pendant la durée du siège, soixante batteries, de six pièces, ont été fabriquées par l'industrie privée. Chacune de ces batteries revenant en moyenne à 108,000 fr., c'est donc près d'un million et demi qu'ont coûté les 360 pièces fondues, 110 chez Cail, 100 chez Thiébault, 60 chez Laveissière, 50 chez Audaincourt, 20 chez Cailar et 20 chez divers entrepreneurs.

Mort de Mme Surville, sœur de Balzac.

—

Vendredi 6

CENT-DIXIÈME JOURNÉE

La lune sur la neige favorise le duel d'artillerie, que rien n'interrompt plus, le feu de l'ennemi étant de trente coups à l'heure en moyenne.

Ses batteries de Meudon, Châtillon, Fontenay-aux-Roses, portant à environ 7,100 mètres, écrasent nos forts : 80 pièces ont déjà consommé 20,000 projectiles à l'est et autant au sud, l'ennemi ayant 200 pièces de siège à 400 coups par pièce, soit 80,000 coups.

Sous les ordres de l'amiral Mecquet, chef du 8e secteur, accompagné des aides de camp Garnier et Eveillard, 10 pièces de marine des bastions 73 et 71 tirent toute la nuit et toute la journée, balayant le plateau de Châtillon.

A midi 30, pendant un quart d'heure, véritable trombe de fer sur les forts et les quartiers du sud.

Rue Daguerre, Mme Lesuisse, cantinière du 146e, est tuée dans son lit par un obus.

Le cimetière Montparnasse est criblé, défoncé par les projectiles.

— Ah! monsieur, dit un des gardiens, ce n'est vraiment pas gai, ici, maintenant.

On déménage les ambulances installées à Bullier et dans les baraquements du Luxembourg.

Les habitants des quartiers périphériques déménagent également, emportant le principal de leur petit mobilier sur des voitures à bras, les seules qu'on trouve maintenant.

Le 12ᵉ bataillon de garde nationale offre à la défense deux pièces de 7 avec affûts et caissons.

M. Ruel, lieutenant aux éclaireurs Lafon, succombe à l'ambulance du Théâtre-Français.

Il reste encore dans Paris 30,000 chevaux pour l'alimentation.

Dans la fabrication du pain, le riz est maintenant mélangé à la farine.

—

Samedi 7

CENT-ONZIÈME JOURNÉE

Pluie et dégel complet.

Tonnerre continu de l'artillerie.

Inutile pluie d'obus sur la redoute de Saint-Maur, les bâtiments avoisinant le pont de Champigny et la Courneuve, visités dans la journée par l'amiral La Roncière Le Nourry et le général Lavoignet; tir également sans résultat des batteries de Thiais sur Vitry.

La batterie de Meudon blesse quelques personnes au Point-du-Jour et à Boulogne.

Tir formidable et efficace du fort de Noisy sur toutes les batteries prussiennes où nombre d'hommes tombent tués ou blessés dans les retranchements.

Concentration considérable de troupes prussiennes sur le plateau de Châtillon.

21 obus tombent sur l'Observatoire. Le bombardement fait 10 victimes, 1 femme et 3 hommes tués et 6 femmes blessées.

Au coin de la rue Saint-Jacques et du boulevard de Port-Royal, la façade d'une maison s'effondre sous les projectiles.

On dépave les cours dans tous les quartiers de Montrouge.

Le colonel Guillemaut est nommé général de brigade.

Note de l'*Officiel* sur notre droit de capture des bâtiments.

Le Gouvernement prend des mesures contre les auteurs d'affiches provoquant à la guerre civile.

Démission de M. Delescluze, maire du 19ᵉ arrondissement, et de ses adjoints, MM. Ch. Quentin et Em. Oudet.

Le docteur Danet fait réquisitionner les bitumes, asphaltes et autres produits similaires pour s'en servir comme de combustible.

Le bruit court que le stock de farine serait prochainement épuisé. Le pain est de plus en plus noir.

Quelques prix : beurre, 35 fr. la livre; un œuf, 5 fr. 5o; la pomme de terre, sous le manteau, 35 francs le boisseau; l'oignon, 7 fr. le litre. Le chien, déclaré nourriture insalubre et dangereuse, 3 fr. la livre. Un chat, 12 fr. — La salade, quand on en peut trouver, 5 fr. la livre.

Tous les petits restaurants, bouillons, crêmeries, sont fermés.

Décès : 3,680, le triple des moyennes ordinaires, la mortalité sévissant surtout sur les enfants.

SEMAINE FINANCIÈRE

Bourse, 3 o/o, 51 80; 4 1/2, 76 50. — Banque, 2399. — Emprunt, 52 60. — Société générale, 450. — Crédit Mobilier, 112 50. — Crédit Foncier, 860. — Orléans, 715. — Ouest, 465. — Midi, 515. — Lyon, 747 50. — Nord, 900. — Est, 395. — Suez, 230.

—

Dimanche 8

CENT-DOUZIÈME JOURNÉE

Enfin ! des nouvelles du dehors !

Lyon, 23 décembre.

GAMBETTA A TROCHU

J'ai reçu le 22 décembre au matin, par M. d'Almeida, votre dépêche écrite le 16 décembre. L'appréciation que vous avez faite de l'armée de la Loire et des éléments qui la composent est parfaitement juste, et trouve dans les faits qui s'accomplissent tous les jours une nouvelle confirmation.

Les Prussiens, sans avoir éprouvé rien qui ressemble à une défaite, paraissent démoralisés. Ils commencent à éprouver une grande lassitude, et on leur tue beaucoup de monde de tous les côtés. Sur divers points du cercle qu'ils occupent, ils rencontrent de vigoureuses résistances. Belfort est approvisionné pour huit mois. Toute la ligne de Montbéliard à Dôle est bien gardée par les forces de Besançon; de Dôle à Autun, par les forces de Garibaldi et du général Bressolles; il en est de même du Morvan et du Nivernais jusqu'à Bourges.

D'un autre côté, l'armée de Bourbaki est dans une excellente situation. Elle effectue en ce moment une manœuvre dont on attend les meilleurs résultats.

Chanzy, grâce à son admirable tenacité, a fait lâcher prise aux Prussiens et, depuis le 16, il s'occupe à refaire ses troupes fatiguées par tant et de si honorables combats.

Aussitôt remises, ce qui ne demande que quelques jours, rééquipées et munitionnées, vous pouvez être assuré que Chanzy reprendra l'offensive.

Le Havre est tout à fait dégagé; les Prussiens ont même abandonné Rouen après l'avoir pillé et dirigé leur butin sur Amiens, direction que paraissent avoir prise les forces de Manteuffel pour barrer le passage aux troupes de Faidherbe.

A mesure que les forces s'accroissent, les gardes nationaux mobilisés qui ont déjà vu le feu s'en tirent à merveille et, en peu de temps, ce seront d'excellents soldats. Le pays est comme nous résolu à la lutte à outrance.

Il sent tous les jours davantage que les Prussiens s'épuisent. La France sortira plus grande et plus glorieuse de cette guerre maudite.

Salut fraternel,

LÉON GAMBETTA.

Bordeaux, 4 janvier.

Général Faidherbe à ministre Guerre

Aujourd'hui 3 janvier, bataille sous Bapaume, de huit heures du matin à six heures du soir.

Nous avons chassé les Prussiens de toutes les positions et de tous les villages. Ils ont fait des pertes énormes et nous des pertes sérieuses.

Avesne-Bapaume, 3 janvier.

J. FAIDHERBE.

Le pigeon apportant ces précieuses dépêches porte le numéro 43. Le dernier qui nous soit parvenu portait le numéro 36. Que sont devenus les six autres?

Chaude, mais vaine attaque des Prussiens contre nos avant-postes de Vitry.

C'est le jour des Rois et Guillaume nous souhaite sa fête avec des fèves de sa façon, c'est-à-dire un bombardement à outrance des Krupp ou des Kruppsiens, comme on dit dans Paris.

Tir ininterrompu des batteries de Saint-Cloud, Meudon et Breteuil sur les bastions 67, 64 et 65, Boulogne, Auteuil et le Point-du-Jour.

Un obus tombe dans l'église de Joinville-le-Pont pendant la célébration de la messe. Le projectile n'éclate pas. Après la messe, le curé le dépose sur l'autel et remercie Dieu de ce que le monstre n'a blessé personne.

Le batterie de Saint-Maur démonte deux pièces ennemies, à gauche de Champigny.

L'ennemi ayant pris pour cible l'hôpital militaire du Val-de-Grâce, le général Trochu y fait transporter tous les blessés prisonniers, informant M. de Bismarck de sa décision. Dès lors, le monument est épargné. Toute la noblesse de sentiments de l'ennemi est dans ce fait.

Le soir, à 10 heures sonnant, une effroyable pluie d'obus commence à tomber sur les 14e, 6e et 7e arrondissements. 500 obus tombent dans le jardin du Luxembourg, y coupant quelques arbres.

Un obus éclate dans une mansarde du faubourg St-Germain où dorment cinq petits enfants. Par un hasard inouï, un seul est légèrement blessé à la joue. La librairie Dauvin, à l'angle du boulevard St-Michel et de la rue Soufflot, est littéralement défoncée. Cinq bombes tombent dans le café d'Harcourt, place de la Sorbonne, démolissant tout, sans blesser personne. Toute la nuit on continue d'y chanter et d'y boire, plantant un drapeau à chaque trou fait par un nouveau projectile.

Ville et forts, garnison et population continuent de donner les preuves du plus stoïque patriotisme. L'intimidation allemande ne provoque que le sourire du dédain et l'ardeur de la haine. Opposant le calme et le mépris à certains agissements démagogiques, on demande une action énergique immédiate.

Les projectiles font 15 victimes : 2 femmes tuées ; 3 enfants, 2 femmes et 8 hommes blessés.

Côté pittoresque : chaud, l'obus se vend 4 fr. 25 ; refroidi, 3 fr. 5o.

Pour les éclats on traite de gré à gré.

A 2 heures 58 minutes, départ de la gare d'Orléans du *Duquesne* dirigé par le marin Richardet.

Vive impression causée par la publication des rapports du général Stoffel, notre ancien représentant militaire à Berlin.

Faute de coke, les fonderies de projectiles sont arrêtées.

Matinées à l'Opéra et à la Comédie-Française. Salles combles.

Décret ouvrant un crédit de 3o millions pour l'approvisionnement de Paris.

—

Lundi 9

CENT-TREIZIÈME JOURNÉE

Clair de lune sur la neige.

L'ennemi en profite pour faire pleuvoir une averse de fer sur les forts et la Ville, prenant surtout pour objectifs les établissements hospitaliers : la Pitié qui reçoit 3o obus, et où une femme est tuée, les Enfants-Trouvés (Enfant-Jésus), Saint-Nicolas et l'ambulance de Nogent-sur-Marne.

Dans la journée, 2,08i obus bien comptés tombent sur la Courneuve.

A Sèvres, une jeune fille est tuée.

Le 9ᵉ secteur et la rive gauche sont criblés.

Impossible de dénombrer les projectiles. Plus de 2,000 fondent sur le même point en quelques heures. A Grenelle, Montrouge, Plaisance, Vaugirard, au Panthéon, on est assourdi par la musique allemande.

La librairie Dauvin est de nouveau visitée.

Un obus réduit en poussière l'atelier du peintre Nanteuil. Un autre tombe au musée de Cluny. On compte 57 victimes : 8 enfants, 4 femmes et 10 hommes tués ; 6 enfants, 9 femmes et 20 hommes blessés.

Protestation du ministre des affaires étrangères et des médecins des hôpitaux contre ces procédés odieux.

L'affiche suivante, placardée sur les murs de Paris, est très lue, très commentée :

PROCLAMATION DU GOUVERNEUR

Le Gouverneur de Paris a adressé la Proclamation suivante aux habitants de Paris.

Au moment où l'ennemi redouble ses efforts d'intimidation, on cherche à égarer les citoyens de Paris, par la tromperie et la calomnie. On exploite contre la défense nos souffrances et nos sacrifices.

Rien ne fera tomber les armes de nos mains. Courage, confiance, patriotisme !

Le Gouverneur de Paris ne capitulera pas.

Paris, le 9 janvier 1871.

Le Gouverneur de Paris,
Général TROCHU.

Quatrième et malheureuse tentative de l'ennemi contre notre position de la Malmaison.

Silence du *Journal officiel*.

On apprend l'attentat commis contre le général Prim.

—

Mardi 10

CENT-QUATORZIÈME JOURNÉE

Nous effectuons heureusement deux opérations contre les avant-postes prussiens.

Au nord, de Groslay au Bourget, le colonel Comte, avec les francs-tireurs Poulizac et Faron, les volontaires Luxer et trente cavaliers font une reconnaissance des forces ennemies le long du chemin de fer de l'Est. l'Allemand, bousculé à la baïonnette, est mis en fuite. Nous faisons sauter deux maisons qui nous gênaient et la colonne rentre avec deux prisonniers bavarois trouvés porteurs de billets de logement en règle... pour la caserne de la Pépinière! Nous n'avons que sept blessés,

Ruel est vengé.

Au sud, le colonel Porion, avec un détachement de marins, 150 gardes nationaux mobilisés, des Gardiens de la paix, des mobiles des 5º bataillons de la Somme et de la Seine et une compagnie du Génie, surprennent les postes prussiens protégeant les travailleurs dont le capitaine St-Vincent détruit les ouvrages. La colonne rentre avec vingt-et-un prisonniers, ayant eu 1 tué et 3 blessés dont le capitaine Picault, des Gardiens de la paix.

Reconnaissance habile du capitaine Vresse en avant de nos lignes de Vitry.

Bombardement violent toute la nuit et toute la journée. On compte un projectile par minute dont quelques bombes à pétrole faisant 48 victimes: 7 enfants, 3 femmes et 2 hommes tués; 9 enfants, 9 femmes et 18 hommes blessés.

Le fort d'Issy est le grand point de mire hors des murs.

A l'intérieur, les 6e, 7e, 8e et 9e secteurs, les écoles Normale, de Droit et Sainte-Barbe, où le feu prend, sont très éprouvées et les ateliers des peintres Pérodin et Plinor sont anéantis.

Lettre de protestation du docteur Edouard Fournié, médecin de Saint-Nicolas où sont 1.100 enfants, dont 5 ont été tués et 6 très grièvement blessés par un obus, dans la nuit du 8 au 9.

En raison de la pluie de fer, les lignes d'omnibus de la Chaussée-du-Maine et d'Auteuil modifient leur parcours.

A 3 heures du matin, l'aérostat le *Gambetta* part de la gare du Nord.

Le capitaine d'infanterie de marine Gillot succombe à ses blessures.

—

Mercredi 11

CENT-QUINZIÈME JOURNÉE

Nuages et brume. Nuit noire et jour obscur.

Le bombardement continue, moins intense, sauf contre le fort d'Issy et nos positions de Charenton. Hors les murs et dans la ville, dégâts insignifiants mais 13 victimes: 3 hommes tués; 2 enfants, 5 femmes et 3 hommes blessés.

Départ de l'aérostat le *Képler*.

Un entrefilet du journal le *Siècle* criant à la trahison a mis Paris en émoi, et l'*Opinion nationale* a accusé le Gouverneur de Paris de n'avoir pas su faire fusiller à propos certains chefs de corps indignes. — Fière réponse de Trochu attestant la loyauté des officiers généraux, ses dévoués collaborateurs et flétrissant la perfidie des accusateurs.

A Bordeaux, nous apprend une dépêche, le Gouvernement s'occupe activement du ravitaillement de Paris. Plus de 15,000 bœufs, de 40,000 moutons et de 300,000 quintaux métriques de denrées de toute nature sont en gare, prêts à être expédiés au premier signal.

—

Jeudi 12

CENT-SEIZIÈME JOURNÉE

Reconnaissance du commandant Blanc sur le plateau d'Avron avec une compagnie de zouaves et une compagnie de mobiles du Morbihan. L'ennemi est mis en déroute, nous faisons six prisonniers.

Le capitaine Odiardi, du 136ᵉ de ligne, est tué par un obus dans une casemate de la redoute de la Boisière.

L'adjudant Rang et un enseigne de vaisseau sont grièvement blessés.

Sur les forts de Vanves, Issy et Montrouge, à partir de minuit, bombardement intense que le feu nourri de nos batteries extérieures réduit au silence vers 3 heures du matin, faisant d'assez grands ravages chez l'ennemi pour qu'il ne lance plus que des projectiles de petit calibre.

Continuation du bombardement inefficace de la Boucle de Marne.

Dans Paris, le quartier Saint-Sulpice est particulièrement éprouvé. Une bombe transperce la chapelle de la Vierge, émiettant les vitres sans endommager les vitraux, protégés par leur armature de plomb.

Le faubourg Saint-Marcel, le boulevard d'Italie, la rue Mouffetard sont criblés. Deux obus tombent sur l'École polytechnique.

On compte 21 victimes : 1 femme tuée ; 1 enfant, 8 femmes et 11 hommes blessés.

Protestations des médecins de la Salpêtrière, frappée de 15 obus malgré le drapeau de la Convention de Genève flottant sur le dôme.

L'hospice de vieillards de la Rochefoucauld, avenue d'Orléans, qui a reçu de nombreux projectiles, est évacué ainsi que toutes les ambulances de Montrouge.

Rue La Rochefoucauld, au moment où on opérait la levée du corps d'une femme décédée la veille, un obus effondre l'escalier, du sixième étage au rez-de-chaussée. Porteurs, parents et voisins sont obligés de descendre le cercueil à l'aide de cordages, opération qui demande plus d'une heure, pendant laquelle on craint sans cesse l'arrivée de nouveaux projectiles.

A 11 heures du matin, une bombe à pétrole incendie le dépôt des petites voitures de la place Vauban.

Décret assimilant tout Français atteint par les bombes prussiennes au soldat frappé par l'ennemi et les veuves et orphelins de père ou de mère, aux veuves et orphelins des soldats tués à l'ennemi.

Le lieutenant de vaisseau Patin succombe à la blessure qu'il a reçue au Bourget.

Après l'avoir indûment détenue sept jours durant, M. de Bismarck se décide à faire parvenir à M. Jules Favre, ministre des Affaires étrangères, une invitation de lord Granville, en date du 29 décembre, le convoquant à la Conférence de Londres fixée au 3 janvier et où il doit représenter la France dans la question de neutralisation de la mer Noire. Fière réponse explicative de Jules Favre à l'Angleterre.

A 3 heures du matin, l'aérostat le *Général Faidherbe* quitte la gare du Nord.

Hier, le *Figaro* racontait les diverses péripéties de la fuite de l'ex-impératrice Eugénie. Aujourd'hui, le *Siècle* donne un intéressant compte-rendu de la séance du 4 septembre au Palais-Bourbon, avant et après que la déchéance ait été prononcée et la République proclamée par Gambetta.

Nouvelle prorogation d'un mois des effets de commerce, à partir du 14 janvier.

On détruit des baraquements en bois blanc pour s'en servir comme de bois de boulange.

Les quatre escadrons de la Garde nationale à cheval, colonel Quiclet, reçoivent l'ordre de livrer leurs chevaux (environ 600), pour la consommation publique.

Interdiction du pain de luxe et du blutage des farines.

—

Vendredi 13

CENT-DIX-SEPTIÈME JOURNÉE

Pendant la nuit, plusieurs inutiles tentatives des Prussiens sur divers points des tranchées reliant nos forts entre eux.

Le bombardement des forts est moins continu, moins

intense, mais, en revanche, il redouble sur Paris, où Bismark a pointé l'instant psychologique.

De 10 heures du soir à minuit, feu violent sur la ville, notamment sur le 8e secteur. La pluie de fer continue d'ailleurs toute la nuit.

Le premier étage de la librairie Dauvin est éventré. Les rues de Rennes, de Vaugirard, du Cherche-Midi, de Tournon, de Médicis et Monsieur-le-Prince sont criblées.

Dans la matinée, rue Victor-Cousin, un obus tue deux petites filles de 8 et 13 ans.

Rue Saint-Jacques, deux enfants sont tués, trois grièvement blessés.

A 5 heures, deux obus éclatent rue Vavin, faisant de grands dégâts sans blesser personne.

On blinde de sacs de terre les fenêtres exposées, et la nuit se passe dans les caves où les petits enfants, un peu étonnés du singulier déplacement, dorment néanmoins à poings fermés, tandis que les grandes personnes, aux écoutes, devisent tristement des absents et de l'avenir.

A Saint-Étienne-du-Mont où, comme à l'ordinaire, on a célébré la neuvaine de la patronne de Paris, et où sont allées prier les mères, flottent les bannières des villages environnants.

On dépave la place du Panthéon.

Nouvelles affiches rouges excitant à l'insurrection.

Aux Bouffes-Parisiens, séance populaire de poésie moderne. On y dit *Le Sacre de Paris* par Leconte de Lisle.

Légère diminution sur les rations de viande, quelque fois compensée par de petits suppléments de graisse,

de haricots secs et même, parfois, ô surprise ! ô bonheur !
par des portions infinitésimales de fromage de gruyère
et de Hollande !

Le pain manque en plusieurs quartiers.

Réquisition est faite, chez les particuliers, de toute
quantité de farine excédant 5 kilogrammes.

Il est interdit aux boulangers de vendre du pain à quiconque n'est pas notamment connu et muni d'une carte
de boucherie du quartier.

Les gardes nationaux prenant le service doivent s'ap-
provisionner de pain dans leurs quartiers respectifs.

—

Samedi 14

CENT-DIX-HUITIÈME JOURNÉE

Cruelle recrudescence du froid.

Gelée terrible, brouillard intense.

Au Moulin de Pierre, sur l'ordre du général Vinoy
et sous le commandement des généraux Blanchard et
Corréard, ainsi qu'à Drancy, opérations avortées.

Reconnaissance du contre-amiral Pothuau entre la
Gare-aux-Bœufs et la Seine.

Attaques inutiles des Prussiens sur la suiferie de la
route de Flandre.

Moins vif contre les forts, le bombardement, nocturne et diurne, s'étend aux quartiers Monge et de
Varennes.

Deux obus font plus de 5o,ooo fr. de dégâts à l'École des mines.

La maison d'angle des rues Madame et de Vaugirard est défoncée.

Des projectiles tombent aux nos 10 et 123 du boulevard Saint-Michel, 4 de la rue de Tournon, rue Oudinot, aux couvents des Carmes et du Sacré-Cœur sans atteindre personne.

On compte 33 victimes ; 2 enfants, 1 femme, 6 hommes tués ; 2 enfants, 7 femmes et 15 hommes blessés.

Rue Lecourbe, six femmes faisant la queue à la porte d'une cantine municipale, sont atteintes en même temps.

Protestation des médecins des hôpitaux Necker et des Jeunes Aveugles, contre le bombardement *prémédité* des établissements hospitaliers.

Protestation du corps diplomatique contre le bombardement de Paris, opéré sans dénonciation préalable, pièce signée des Ministres, Chargés d'affaires ou Commis de vingt-deux États, Suisse, Suède et Norwège, Danemarck, Belgique, Pays-Bas, United-States, Bolivie, Saint-Martin et Monaco, Brésil, République Dominicaine, Turquie, Honduras et Salvador, Pérou, Autriche-Hongrie, Russie, Espagne, Italie, Portugal et Grèce.

Richard Wallace propose une souscription patriotique au profit des victimes du bombardement et donne 100,000 francs. Jules Favre donne 1,000.

L'étiage de la mort continue de monter. Le bilan de la semaine est de 4,182.

Le pain devient de plus en plus mauvais. Le beurre est coté 35 fr. la livre ; les pommes de terre, très rares, sont à 25 fr. le boisseau.

Il n'y a plus de chocolat. La salade se paie à la livre 5 et 6 fr., ainsi que les cardons. L'oignon est à 7 fr., la bougie à 2 fr. 5o c.

Le sucre est taxé à 1 fr. la livre.

Un amateur paye 6 fr. une orange.

SEMAINE FINANCIÈRE

Bourse, 3 o/o, 51 5o ; 4 1/2, 76. — Banque, 2325. — Société Générale, 45o. — Crédit Foncier, 85o. — Crédit Mobilier, 115. — Emprunt, 52 62. — Orléans, 717. — Lyon, 724 5o. — Midi, 51o. — Nord, 882. — Ouest, 48o. — Est 337 5o. — Suez, 227.

—

Dimanche 15

CENT-DIX-NEUVIÈME JOURNÉE

Même brouillard qu'hier.

Sur toute la ligne du sud, combat acharné d'artillerie soutenu par les forts et les 6e, 7e et 8e secteurs. Des milliers de projectiles se sont entre-croisés. Depuis le début du siège, jamais la canonnade n'avait atteint pareille intensité.

A 2 heures, sous la pluie d'obus et de bombes, le général Ducrot visite le fort de Montrouge et rentre en ville à pied, par la grande route stratégique.

La nuit, opération conduite par le général Ducrot qui fait raser les maisons et les murailles encore debout au parc de Beau-Séjour. Nous faisons quelques prisonniers tous Prussiens.

Au pont de Champigny, chaude affaire où cinq Prussiens, dont un officier, sont tués et plusieurs blessés. L'honneur en revient au lieutenant Laurent, des mobiles de l'Hérault.

Paris est sous le feu des Krupp tirant sans relâche Lamentable dimanche !

On compte 31 victimes ; 4 enfants, 1 femme, 9 hommes tués ; 2 enfants, 6 femmes et 9 hommes blessés.

Des projectiles tombent à la caserne Babylone, à la Sorbonne, au ministère de l'Agriculture, rues Cujas, du Dragon, de Rennes, etc.

Un obus éclate en pleine rue :

— Demandez la valence ! A deux sous la belle valence s'écrie un gamin.

Les merveilleuses serres du Jardin des Plantes sont pulvérisées.

Les Prussiens, paraît-il, ont surtout pour objectif nos bureaux télégraphiques.

Au Théâtre-Français, 249e anniversaire de la naissance de Molière. Salle comble pour applaudir *Amphytrion*. Coquelin dit un à-propos d'Ed. Gondinet.

Mort de l'acteur Lebel, célèbre roi de féerie sous l'Empire.

—

Lundi 16

CENT-VINGTIÈME JOURNÉE

Le brouillard s'étant dissipé, l'artillerie de l'enceinte peut soulager les forts en contre-battant les batteries ennemiès.

A huit heures du matin, attaque contre notre position de la maison Millaud, repoussée par les troupes et le fort de Montrouge.

Les bastions du Point-du-Jour sont très éprouvés. Vingt hommes y sont tués et plusieurs blessés par les obus.

Les Krupp envoient leurs dragées jusque sur le quai d'Orsay et dans l'île Saint-Louis, ainsi que rue de Rennes, rue de Condé, boulevard Arago, etc. La prison de Sainte-Pélagie, les abattoirs de Grenelle sont criblés.

A l'Ecole de Droit, un projectile effondre la toiture du grand amphithéâtre ; M. Colmet d'Aage, doyen de la Faculté, est contraint de suspendre les cours.

On compte 21 victimes ; 1 enfant, 1 femme, 4 hommes tués ; 2 enfants, 7 femmes et 6 hommes blessés.

A 3 heures du matin, départ de la gare d'Orléans, du *Vaucanson*, dirigé par le marin Clariot.

Mort de la vicomtesse de Montfort, femme du général, belle-mère du sculpteur Carpeaux et dont les deux fils, blessés, sont prisonniers.

Mise en circulation des billets de banque de vingt francs.

Rationnement du pain dont on n'obtient plus sa part que sur présentation de sa carte de boucherie, 400 à 500 grammes par personne, selon les arrêtés pris par les maires.

On parle d'utiliser pour la fabrication du pain des marrons d'Inde ramassés dans nos jardins.

—

Mardi 17

CENT-VINGT-ET-UNIÈME JOURNÉE

Rafales violentes, bise glaciale, pluie.

Feu plus violent que jamais de l'ennemi, de nos forts et de l'enceinte.

Attaques repoussées, contre les Hautes-Bruyères et le Moulin-Saquet et contre Bondy.

Au fort de Montrouge, le fils du vice-amiral Saisset, officier de marine âgé de 24 ans, est tué par un obus qui le coupe littéralement en deux.

11 obus de gros calibre tombent rue de Lourcine, dans le jardin d'un horticulteur. Deux seulement éclatent.

Une bombe à pétrole détermine un incendie à l'entrepôt des vins.

Le toit du presbytère de Saint-Germain-des-Prés est effondré par un projectile monstre qui éclate sur le lit d'un vicaire heureusement absent.

A 7 heures du matin, l'aéronaute Turbiaux part de la gare du Nord.

Lettre de M. de Bismarck à M. Kern, ministre de la Confédération suisse à Paris. Dans cette réponse à la protestation du corps diplomatique contre le bombardement, le chancelier considère simplement Paris « comme la forteresse la plus importante de France ».

Réplique de M. Kern, doyen du corps diplomatique.

Sur quoi, le bombardement continue.

On compte 14 victimes ; 1 homme tué ; 4 femmes et 9 hommes blessés.

Dans un club, M. Briosne déclare que la Commune arriverait maintenant trop tard pour sauver Paris.

Depuis la suppresssion du gaz, la capitale est éclairée, tant bien que mal, par 35,000 lampes consommant 16,000 kilos de pétrole.

En raison du manque absolu de charbon de terre et de coke, et de l'émigration des banlieues où sont établis les blanchisseurs, plus de linge du tout.

25 francs de récompense à qui découvrira du blé, de l'orge ou du seigle soustrait aux réquisitions.

Le pain n'est plus mangeable ; l'avoine, le riz et le seigle y dominant dans les proportions de 70 pour cent.

Une primeur ! Aux Halles, apparition de têtes de laitues vendues 1 fr. 75.

La cervelle de chien, très-recherchée, est à 1 fr. 50 et 2 francs.

A la Porte-Saint-Martin, au profit de deux ambulances, première représentation du « Calvaire » drame patriotique en un acte, en vers, interprété par Mmes Marie Laurent, Lia Félix, Ploch, M. Paul Deshayes, etc.

—

Mercredi 18

CENT-VINGT-DEUXIÈME JOURNÉE

Feu continu mais ralenti des batteries ennemies.

Le 6ᵉ secteur éteint complétement le feu de la batterie des Châlets.

Dans l'après-midi, on placarde la proclamation suivante :

Citoyens,

L'ennemi tue nos femmes et nos enfants ; il nous bombarde jour et nuit; il couvre d'obus nos hôpitaux. Un cri : Aux armes! est sorti de toutes les poitrines.

Ceux d'entre nous qui peuvent donner leur vie sur le champ de bataille marcheront à l'ennemi ; ceux qui restent, jaloux de se montrer dignes de l'héroïsme de leurs frères, accepteront au besoin les plus durs sacrifices comme un autre moyen de se dévouer pour la patrie.

Souffrir et mourir, s'il le faut; mais vaincre.

Les membres du Gouvernement.

JULES FAVRE, JULES FERRY, JULES SIMON, EMMANUEL ARAGO, ERNEST PICARD, GARNIER-PAGÈS, EUGÈNE PELLETAN.

Les Ministres,

Général LE FLÔ, DORIAN, MAGNIN.

Les Secrétaires du Gouvernement,

HÉROLD, LAVERTUJON, DURIER, DRÉO.

Retenir le plus de Prussiens possible sous Paris pour servir les efforts de Chanzy, de Faidherbe et de Bourbaki est, surtout depuis un mois, le plan suivi. Cependant, mettant à profit le temps, chaque jour l'ennemi enserre de plus en plus la ville, découvrant de nouvelles batteries dont les projectiles s'avancent davantage.

De plus, les vivres s'épuisent.

Il faut donc un vigoureux effort. A demain la grande tentative.

Les mouvements de troupes s'opérant à travers Paris indiquent que, cette fois, les régiments de marche de la garde nationale devront appuyer l'armée.

En l'absence du Gouverneur de Paris, le général Le Flô est investi du commandement des troupes non engagées dans l'action qui se prépare.

Le colonel d'artillerie de Chanal est nommé général de brigade.

Le bombardement continue.

Les gares Montparnasse et d'Auteuil, l'église St-Pierre de Montrouge, particulièrement, sont atteintes ainsi que les maisons environnantes.

Les victimes sont au nombre de vingt : 1 enfant tué, 2 blessés ; 1 femme tuée, 7 blessées ; 4 hommes tués, 5 blessés.

Mort du comte Etienne de Biron, agé de 52 ans, simple volontaire de la garde nationale.

Départ de l'aérostat *La Poste de Paris*.

Le soir, arrivée du pigeon n° 46, venant de Tours avec d'excellentes nouvelles sur les opérations de l'Est, paraît-il.

Affichage d'un arrêté du Gouvernement rationnant le

pain : pour les adultes, 300 grammes à 10 centimes ;
pour les enfants, 150 grammes à 5 centimes.

On ne délivre de pain que sur présentation d'une carte,

M ___________________________________

Demeurant _____________________________ n° _____

a droit à ________________ RATIONS DE PAIN, à prendre

chez M. ______________ - boulanger, rue ________ , n° ___

____

Vu par le MAIRE

De ___ e Arrondissement.

CARTE DE BOULANGERIE

AVIS IMPORTANT. — Toutes RATIONS non réclamées aux jours indiqués ci-dessous, seront périmées.

Jeudi 16 FÉVRIER	Mercredi 15 FÉVRIER	Mardi 14 FÉVRIER	Lundi 13 FÉVRIER	Dimanche 12 FÉVRIER	Samedi 11 FÉVRIER
Vendredi 10 FÉVRIER	Jeudi 9 FÉVRIER	Mercredi 8 FÉVRIER	Mardi 7 FÉVRIER	Lundi 6 FÉVRIER	Dimanche 5 FÉVRIER
Samedi 4 FÉVRIER	Vendredi 3 FÉVRIER	Jeudi 2 FÉVRIER	Mercredi 1er FÉVRIER	Mardi 31 JANVIER	Lundi 30 JANVIER
Dimanche 29 JANVIER	Samedi 28 JANVIER	Vendredi 27 JANVIER	Jeudi 26 JANVIER	Mercredi 25 JANVIER	Mardi 24 JANVIER
Lundi 23 JANVIER	Dimanche 22 JANVIER	Samedi 21 JANVIER	Vendredi 20 JANVIER	Jeudi 19 JANVIER	Mercredi 18 JANVIER

CARTE RENOUVELABLE

dont voici le modèle, oblitérant d'un timbre la date de
chaque journée où il y a eu distribution.

On remarque que cette carte, *renouvelable,* est faite

pour jusqu'au 16 février. Même mauvais, avons-nous donc du pain pour trente jours? On a peine à le croire en voyant affichée la réquisition immédiate des quantités de blé réservées par les cultivateurs pour l'ensemencement des terres et celle du combustible et de toutes denrées quelconques chez les absents.

Enfin, espérons!

—

Jeudi 19

CENT-VINGT-TROISIÈME JOURNÉE

Sanglante journée!

Brouillard épais et pénétrant. Nous combattons dans la nuit.

L'armée, plus de 100,000 hommes, troupes de ligne, garde mobile, garde nationale mobilisée incorporée dans les brigades, artillerie, est divisée en trois colonnes principales : la Gauche, sous Vinoy, pour enlever la redoute de Montretout et les maisons de Béar, Pozzo di Borgo, Armengaud et Zimmermann ; le Centre, sous Bellemare, ayant pour objectif le plateau de la Bergerie ; la Droite, sous Ducrot, devant opérer sur la partie ouest du parc de Buzenval et attaquer Longboyau pour se porter sur le haras Lupin.

La Droite, ayant 12 kilomètres à parcourir, la nuit, sur une voie ferrée obstruée et sur une route occupée par une colonne d'artillerie égarée, arrive avec 2 heures de retard, alors que l'action est déjà vivement engagée.

A 10 heures du matin, grâce à la soudaineté de l'attaque, la Gauche a conquis la redoute de Montretout, où le 84e bataillon est arrivé le premier, a occupé les maisons sus-désignées, fait près de 100 prisonniers et se bat à Garches.

Le Centre parvient également sur la crête de la Bergerie, s'empare de la maison dite du Curé, pénètre par une brèche dans le parc de Buzenval, y pourchassant le Prussien à travers bois et le chassant du château; mais, non soutenu par la Droite attardée, est contraint d'épuiser ses forces à se maintenir.

La Droite, enfin arrivée à Longboyau, sous le feu d'une canonnade formidable que ne fait pas taire le Mont-Valérien, par quatre fois tente en vain de gagner du terrain, trouvant une résistance acharnée.

Vers 4 heures, un violent retour offensif de l'ennemi sur la Gauche et le Centre repoussant un instant nos troupes, les force de reconquérir une deuxième fois la crête de la Bergerie.

A la tombée du jour, en vue du 6e secteur, nous occupons Montretout avec de l'artillerie, les hauteurs au-dessus de Garches et une partie à droite dans Saint-Cloud.

Depuis midi, de fortes réserves sont en repos sur les contre-forts de Garches et de la Fouilleuse, vers la Seine.

Mais la venue complète de la nuit et l'impossibilité d'amener de nouvelle artillerie en des terres détrempées arrêtent nos efforts.

350 mobiles de la Loire-Inférieure, commandant de Lareinty, sont faits prisonniers.

Après douze heures de combat et des fatigues de plu-

sieurs nuits, afin d'éviter une attaque de l'ennemi renforcé, certaine pour le lendemain matin, nous nous
replions dans les tranchées établies entre les maisons
Crochard et le Mont-Valérien.

Que faire, en rase campagne, contre un ennemi savam-
ment retranché !

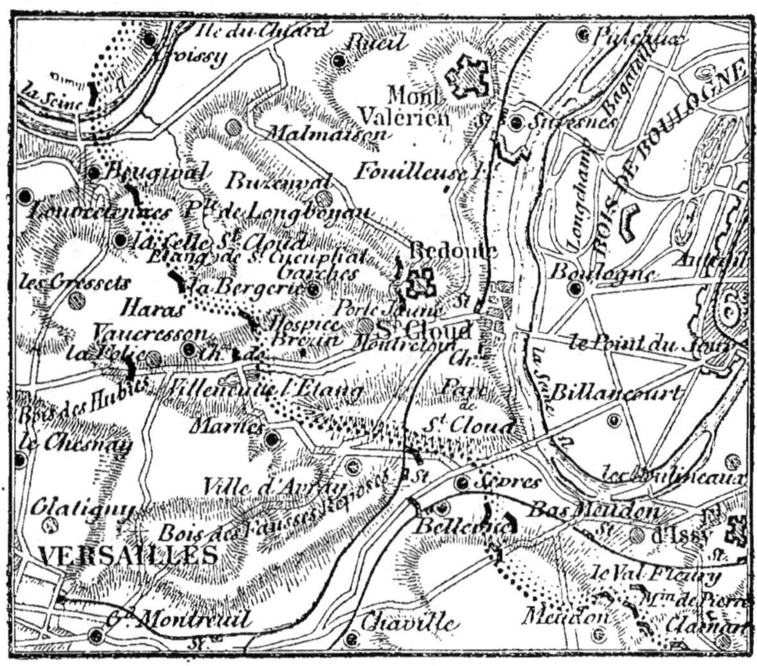

JOURNÉE DE BUZENVAL

De part et d'autre, pertes considérables.

La ville, muette, est déserte.

Les hommes sont dehors ou aux remparts ; les femmes,
dans l'angoisse de l'attente, écoutent l'effroyable canonnade qui, dès avant le lever du jour jusqu'après la venue
de la nuit, n'a pas un instant cessé.

C'est le sang de Paris qui coule.

Vers une heure, lueur d'espoir et même de joie, nul cœur ne songeant plus qu'à la patrie. Une dépêche du général Trochu annonce des avantages. Espoir et joie ne seront pas de longue durée.

Toute la journée, foule sur un seul point, l'avenue de Neuilly où l'on attend. On attend le succès, sans voir arriver autre chose que les voitures d'ambulance.

Parmi nos victimes, on cite :

Seveste, artiste de la Comédie-Française, sous-lieutenant aux *Carabiniers parisiens* (non soldés), amputé de la jambe droite à l'ambulance de son théâtre, où on a pu le rapporter.

Gennaro Perelli, pianiste connu, commandant du même corps, amputé du bras droit.

Tous deux meurent après l'opération, Seveste ayant été nommé chevalier de la Légion d'honneur.

Le colonel Paulet est amputé de la jambe.

MM. Ferdinand de Lesseps fils, officier d'ordonnance du général Ducrot ; Lomon, fils du rédacteur du *Pays* ; Albert Surpe sont blessés.

Mme Persil, cantinière et Mme Gillet, vivandière au 105e bataillon, se distinguent particulièrement et sont mises à l'ordre du jour, ainsi que Mme Philippe, cantinière au 72°.

Sont tués :

Adrien Peloux, bâtonnier des avocats de Valence, volontaire aux mobiles de la Drôme ; le comte d'Estourmel ; M. de Bellefonds ; le marquis de Coriolis d'Espinouze, ancien garde du corps, volontaire au 15e de marche, âgé de 67 ans ; le colonel de la garde

nationale, de Rochebrune, tombé en avant de Rueil;
M. de Montbrison.

Le 4ᵉ régiment de zouaves qui, dans les précédentes
affaires, avait eu déjà 22 officiers hors de combat, a été
particulièrement éprouvé aujourd'hui.

Six de ses officiers sont tués, les capitaines Pithois,
Darribère, Gaillac, Abd-el-Kader, le lieutenant Mon-
teille et le sous-lieutenant Bouissounous.

Dix sont blessés, le commandant Ballue, les capitaines Bories, Darnaud, Gallangau, Paquin, très grièvement, et Revin; et les lieutenants Larcher, Rambaud,
Roman et Tavernier.

En avant du fort de Rosny, un obus frappe la cantinière du 117ᵉ bataillon.

Le soir, un bruit se répand dans Paris. Henri
Regnault, le peintre de *Salomé*, de l'*Exécution à
Tanger*, du *Général Prim* et de tant d'autres chefs-
d'œuvre, soldat à la 2ᵉ compagnie du 69ᵉ de marche, est
disparu à Buzenval.

Lettre des élèves du lycée Condorcet conjurant le
gouvernement de donner des armes à ceux d'entre eux
qui s'en peuvent servir.

Richard Wallace, le premier Français d'Angleterre,
fonde une ambulance de 50 lits, rue d'Angoulême 16,
et remet 25,000 francs au Comité Evangélique qui
entretient environ 800 lits pour les blessés.

Une lettre de M. Dumas fils, parvenue à Paris, fixe-
rait, paraît-il, au 5 décembre, la mort de son illustre
père.

Dans les restaurants, chacun est obligé d'apporter son
pain.

Interrompu pendant la journée, le bombardement recommence vers minuit, avec une intensité furieuse, faisant 9 victimes : 2 femmes et 7 hommes blessés.

—

Vendredi 20

CENT-VINGT-QUATRIÈME JOURNÉE

Brouillard intense.

Hier, les nouvelles de la journée ne sont arrivées que très avant dans la soirée.

On n'apprend donc qu'aujourd'hui les résultats négatifs de l'héroïque effort. Des morts, des blessés en grand nombre, et rien de fait !

Véhémente agitation de la population qui se porte en foule sur l'avenue de Neuilly, attendant la rentrée des troupes et des voitures d'ambulance, tout en commentant avec passion cette phrase vague du Rapport du Gouverneur de Paris, affiché le matin :

« Notre journée, heureusement commencée, n'a pas » eu l'issue que nous pouvions espérer. »

Une autre dépêche du Gouverneur au général Schmitz au Louvre, achève d'impressionner péniblement et d'effrayer les groupes, fournissant prétexte à toutes sortes d'accusations :

« J'ai, dit le Gouverneur, reporté en arrière la plu » part des masses qui peuvent être canonnées des hau » teurs, quelques-unes dans leurs anciens cantonne » ments. »

Et il ajoute :

« Il faut à présent parlementer d'urgence à Sèvres
» pour un armistice de deux jours qui permettra l'enlè-
» vement des blessés et l'enterrement des morts. — Il
» faudra pour cela du temps, des efforts, des voitures
» très solidement attelées et beaucoup de brancardiers.
» Ne perdez pas de temps pour agir dans ce sens. »

On suppose des pertes formidables dont l'évaluation
augmente avec les discussions, rapprochements et con-
troverses.

En réalité, malgré la violence et la durée de l'action,
nous n'avons pas plus de 2,400 à 2,500 hommes hors
de combat.

Ordre du jour du général Clément Thomas, rendant
hommage au courage de la garde nationale.

Vers 3 heures, on affiche l'extrait d'une dépêche de
M. de Chaudordy au ministère des Affaires étrangères,
datée de Bordeaux, 14 janvier, arrivée hier par pigeon
et donnant des nouvelles des armées de province :

« Chanzy a dû se replier derrière la Mayenne ayant
perdu une douzaine de canons et environ 10,000 prisonniers, mais, sous peu de jours, il reprendra ses opérations offensives. — Bourbaki est tout près de Belfort,
ayant gagné une bataille à Villersexel; Vesoul et Lure
sont évacués.— Faidherbe a eu encore quelques succès.»

Sans être découragée, la population est triste, appré-
hendant une issue fatale.

Clubs et journaux attaquent violemment les membres
du Gouvernement.

Le bombardement des forts et de la ville continue,
faisant 14 victimes.

Rue de Vanves, un officier d'artillerie est mis en lambeaux par un projectile.

Rue de la Parcheminerie, un obus, éclatant dans une chambre, écrase un enfant de 7 ans et en blesse un de 14. En outre, 2 femmes et 1 homme sont tués ; 2 femmes et 6 hommes blessés.

Une maison de la rue de la Montagne-Sainte-Geneviève est perforée de la toiture à la cave. Personne n'y est atteint.

Un obus enlève le drapeau flottant sur l'Ecole polytechnique.

Dans la journée, des obus tombent rue d'Assas, rue de Tournon et sur le Collège de France.

A 5 h. du matin, le *Bourbaki* part de la gare du Nord, dirigé par M. Théodore Maugin.

Un nouveau pigeon est arrivé, mais ayant perdu ses dépêches.

La médaille militaire est décernée à Godefroy Cavaignac, mobile du 9e bataillon de la Seine.

Le sculpteur Charles Gumery meurt, à 42 ans.

On s'inquiète, Paris n'ayant plus, dit-on, de pain que pour quelques jours.

—

Samedi 21

CENT-VINGT-CINQUIÈME JOURNÉE

A 8 h. 45 du matin, un bombardement suivi commence sur les forts et la ville de Saint-Denis, que le général Trochu visite dans la journée.

Très vive canonnade entre les forts du Sud, les 6e, 7e
et 8e secteurs et les batteries prussiennes de Châtillon,
Bagneux, Clamart, Meudon et Breteuil.

Un de nos obus fait sauter une poudrière ennemie au
Moulin-de-Pierre.

Le Mont-Valérien est muet.

Un armistice de deux jours, dont les conditions sont
réglées par l'intendant Dallemagne, ayant été conclu
pour relever de part et d'autre morts et blessés, frères
de la doctrine chrétienne, brancardiers et ambulanciers,
partent en nombre.

Les Prussiens nous remettent les morts tombés dans
le parc de Buzenval, mais seulement par la brèche faite
au mur et sans nous permettre d'y pénétrer.

Dans l'après-midi, l'affiche suivante est placardée :

DÉMISSION DU GOUVERNEUR DE PARIS

Le Gouvernement de la défense nationale a décidé
que le commandement en chef de l'armée de Paris serait
désormais séparé de la présidence du Gouvernement.

M. le général de division Vinoy est nommé commandant en chef de l'armée de Paris.

Le titre et les fonctions de Gouverneur de Paris sont
supprimés.

M. le général Trochu conserve la présidence du Gouvernement.

Le Gouvernement publie enfin les dépêches relatives
à nos opérations militaires en province, dépêches qui
lui étaient parvenues depuis plusieurs jours déjà. Fait

inouï, il n'en donne qu'un fragment, osant faire suivre un document officiel de cette mention réservée à un tout autre genre de publication : *La suite à demain.*

Devant cette démission du gouverneur de Paris, devant ces nouvelles de province, devant ce laisser-aller des chefs, la population, abattue la veille, d'abord étonnée jusqu'à la stupéfaction, s'énerve bientôt et l'on sent de nouveau un ferment d'agitation.

Le faubourg du Temple est très animé.

De 11 heures du matin à 3 heures de l'après-midi, une foule silencieuse se masse sur la place de l'Hôtel-de-Ville, foule de curieux venus voir s'il se passerait quelque chose, badauds entourant des orateurs improvisés demandant la démission en masse des membres du gouvernement reconnus incapables, réclamant des chefs jeunes et résolus, se plaignant surtout du rationnement du pain.

Beaucoup de folies sont débitées, mais tous, hommes et femmes, demeurent unanimes dans la résolution de combattre jusqu'à la dernière extrémité.

Les abords du palais municipal sont gardés par des mobiles du Finistère. Grilles et portes sont fermées et, dans la cour Louis XIV, une compagnie de mobiles attend, l'arme au pied.

Et la foule, houleuse, continue de piétiner ainsi sur place jusque fort avant dans la soirée. Mais rien ne se produit. Ainsi d'un orage qui menace sans éclater.

On se sépare, se disant à demain.

Pendant ce temps-là, le bombardement des quartiers du Sud redouble d'intensité, malgré la riposte du fort d'Issy et des pièces de marine des bastions, les formidables batteries du château de Meudon ayant repris la parole.

Vers midi, Grenelle est écrasé de projectiles. M. de Moltke, tenant sa parole : « *tire dans le tas* »

On compte 14 victimes : 1 homme tué ; 1 enfant, 4 femmes et 8 hommes blessés.

Grâce au Prussien, la mort a beau jeu. La dix-huitième semaine du siège fournit 4,464 décès dont 2,088 occasionnés par diverses maladies et 2,356 pour « autres causes ». — *Autres causes*, lisez : « Plomb prussien ! »

La question des vivres est à la fois résolue et insoluble. Tout est mangé.

Le pain est rationné, mais on a rendu pleine liberté au commerce de la pomme de terre, devenue un mythe, même à 25 fr. le boisseau.

Toujours quand on en trouve, le beurre se paye 25 et 30 fr. la livre ainsi que le jambon. Le gruyère a atteint le prix vraiment exceptionnel de 36 fr. le kilo, et le haricot, celui de 16 fr.

Les salades, à la livre, valent de 3 à 7 fr., sans l'huile et le vinaigre dont la qualité baisse, à mesure que le prix hausse.

On est heureux de trouver un oignon pour 1 fr., un poireau pour 50 c.

Un lapin, 60 fr. Les volatiles, poulet, oie, dindon, varient entre 60 et 200 fr.

Le poisson de Seine se vend de 10 à 12 fr. la livre. Une carpe, 40 fr. ; un petit brochet, 25 fr.

Chien et chat, font enfin bon ménage, se vendant même prix, 4 fr. la livre.

Chauffage et éclairage deviennent difficiles, le bois
étant à 15 fr. le cent, le charbon à 3 fr. le boisseau, —
et quel charbon! — et la bougie à 3 fr. la livre.

SEMAINE FINANCIÈRE

Bourse, 3 o/o, 50 75 ; 4 1/2, 78. — Banque, 2325. —
Emprunt, 51 70. — Crédit Foncier, 862 50. — Crédit
Mobilier, 105. — Société Générale, 450. — Orléans, 720.
— Lyon, 763. — Midi, 535. — Nord, 880. — Ouest, 480.
— Est, 390. — Suez, 227.

—

Dimanche 22

CENT-VINGT-SIXIÈME JOURNÉE

Toujours même brouillard et pareil bombardement
du sud de Paris où un homme seul est blessé.

A Saint-Denis, les obus prussiens font 7 victimes :
2 enfants, 1 femme, 1 homme tués ; 2 enfants et 1 homme
blessés.

Départ de l'aérostat le *Daumesnil*.

La rue de l'Ouest, le boulevard d'Italie sont très
éprouvés. Chaussée du Maine, un obus effondre une
boutique de coiffeur, y tuant deux hommes et blessant
deux femmes et, à environ cent mètres de distance, un
militaire traversant la chaussée.

Pendant ce temps-là, l'émeute, latente la veille, éclate
ouvertement.

Dans la nuit, une poignée d'agitateurs, ayant forcé
les portes de Mazas et délivré plusieurs prévenus poli-

tiques, parmi lesquels Flourens, tente d'occuper la mairie du vingtième arrondissement pour y installer le quartier général de l'insurrection, commençant par s'emparer de 2,000 rations de pain, au risque d'affamer la population indigente de Belleville.

Quelques compagnies de garde nationale du 2ᵉ secteur rétablissent l'ordre.

Mais, de Belleville, les fauteurs de l'émeute descendent à l'Hôtel-de-Ville, entraînant environ deux cents hommes de divers bataillons, particulièrement du 101ᵉ.

Arrivés devant le palais municipal où, comme la veille, stationnent plus de huit mille personnes, population de curieux enfiévrés, ces hommes, à la tête desquels on dit Flourens et Mégy, envoient une députation aux membres du Gouvernement.

En leur absence, M. Tony Révillon, chargé de prendre la parole, est reçu par l'adjoint Chaudey.

Quelques cris de Vive la Commune se font entendre.

A 3 heures, arrivée du 207ᵉ bataillon qui se déploie comme en tirailleurs; à 3 heures 15, un premier coup de feu, frappant le cadran de l'Hôtel-de-Ville et en arrêtant les aiguilles à 3 h. 1/4, est tiré par un nommé Pompon, aussitôt arrêté par un capitaine du 54ᵉ; puis un second, par un nommé Trouillet, qui blesse grièvement l'adjudant des mobiles Bernard causant, devant la porte du monument, avec le capitaine Vabre.

En le voyant tomber, les mobiles tirent sur la foule. En un instant, la place est vide.

Mais, embusqués aux encoignures du quai, des rues de Rivoli et du Temple et dans les maisons d'en face, pendant vingt minutes les insurgés criblent l'Hôtel-de-Ville, dont les vitres volent en éclats.

Arrivent des mobiles vendéens, des gardes républicains et de la gendarmerie à cheval.

Les émeutiers prennent la fuite. Une vingtaine d'entre eux et Sapia, commandant du 101ᵉ, sont arrêtés dans les maisons d'où ils tiraient. A 4 heures, l'ordre est rétabli.

On compte cinq morts et une vingtaine de blessés.

Une barricade a été ébauchée au coin du boulevard Sébastopol et de la rue de Rivoli.

Proclamation du Gouvernement répondant du maintien de l'ordre, « notre plus grande force en présence de l'ennemi. »

Appel patriotique du général Clément Thomas aux troupes qu'il commande.

Dégageant sa responsabilité, le général Vinoy, soldat nommé commandant en chef de l'armée de Paris au moment critique, lance un Ordre du jour après lecture duquel nulle illusion n'est plus possible. C'est la fin.

L'*Officiel* achève de publier les dépêches de l'extérieur.

Décrets portant de deux à quatre les conseils de guerre de la 1ʳᵉ division — supprimant les clubs — supprimant les journaux le *Réveil* et le *Combat*, comme excitant à la guerre civile.

—

Lundi 23

CENT-VINGT-SEPTIÈME JOURNÉE

Nuit et jour, canonnade ininterrompue.

Au sud, le bombardement, lent mais continu pendant la nuit, reprend toute sa violence dès la pointe du jour, sur Vaugirard, Grenelle, Montrouge, les quartiers du Panthéon et du Jardin-des-Plantes.

Rue du Val-de-Grâce, 15 obus tombent sur la même maison.

Nos forts et l'enceinte répondent. La batterie de marine du 7e secteur fait sauter des poudrières de Châtillon. Vers 3 heures, nous forçons l'ennemi au silence.

A l'Est, les forts de Charenton et de Nogent sont écrasés par une batterie nouvellement établie sur le chemin de fer de Lyon.

Au Nord, de nouvelles batteries sévissent sur Saint-Denis. Les feux croisés de six batteries lancent plus de 7,000 projectiles sur le fort de la Briche où deux pièces de 24 et une pièce de 12 sont démontées. Reconnaissance ennemie à environ 300 mètres du fort.

On compte 12 victimes : 3 enfants, 3 femmes et 1 homme tués ; 1 femme et 4 hommes blessés.

Un obus tue une femme, rue Poussin, à Auteuil.

Les Parisiens qui, décidément, commencent à s'ennuyer, vont juger les effets du tir de la veille sur l'Hôtel-de-Ville, criblé de balles. Les généraux Lemarrois et d'Argental protègent l'Hôtel ; jusqu'à 3 heures après midi, des mobiles gardent les encoignures avoisinantes et les bâtiments d'en face, et le 126e de ligne occupe la place sillonnée par des patrouilles de cavalerie.

Aucun incident ne se produit, tout est rentré dans l'ordre.

Cependant, les nouvelles douteuses du dehors, le manque de vivres et de pain et, surtout, devant l'intensité du bombardement, la diminution de nos provisions de guerre, font augurer d'une issue fatale.

Le lieutenant Passemard, du 136e de marche, succombe au Grand-Hôtel, aux suites des blessures qu'il a reçues, le 19, à Buzenval.

A l'Académie des sciences, séance où M. Faye, vice-président, confirme la nouvelle de la mort d'Henri Regnault, dont le père, membre de l'Institut, échappé aux Prussiens et actuellement en Suisse, n'aura pas même la consolation de pleurer sur la tombe de son enfant, le jour où il aura appris sa fin glorieuse.

En effet, l'artiste qui, en 1866, avait obtenu le grand prix au concours de Rome dont le sujet, coïncidence à noter, était *Thétis apportant des armes à Achille*, frappé le jeudi à 4 h. 1/2 par un projectile entré dans l'œil, vu et reconnu le vendredi vers 5 heures du soir sur le champ de bataille par MM. Wurtz et Ellisen, n'a pu être retrouvé par eux quand ils sont revenus pour l'enlever.

Henri Regnault avait 27 ans!

On enterre M. Leclanché, journaliste républicain, mort la veille de la petite vérole noire.

Le pétrole manquant, on fait sans résultat des essais d'éclairage à l'électricité.

Mardi 24

CENT-VINGT-HUITIÈME JOURNÉE

Brume épaisse.

Activité fiévreuse de l'armée assiégeante sur tous les points de la ligne d'investissement. Partout de grands mouvements de troupes et d'importants ouvrages. De nouvelles batteries sont démasquées, entre autres en arrière de la gorge de Montretout, à Bagneux et contre Aubervilliers.

A Montrouge, l'église Saint-Pierre, la gare de Sceaux, la place d'Enfer, sont criblées. A 5 heures du matin, un obus, ricochant, traverse de part en part les maisons portant les numéros 8 et 11, heureusement désertées.

On compte 25 victimes ; 2 hommes tués ; 2 enfants, 2 femmes et 16 hommes blessés.

Sous les feux convergents de Montmorency, de la Butte-Pinson et de Stains, le bombardement de Saint-Denis, devenu inhabitable, redouble de violence. Des rues entières sont en ruines.

Plus de 5,000 projectiles sont déjà tombés sur ce point.

A la Double-Couronne, qui a reçu 750 obus hier et plus encore aujourd'hui, quatre hommes ont été tués, parmi lesquels le lieutenant Moulin, du 136e, foudroyé, une quarantaine blessés, et les deux officiers d'artillerie Patieau et Hindoux, gravement atteints.

Force est d'évacuer la maison de la Légion d'honneur

sur laquelle flotte pourtant le drapeau blanc à croix rouge de la convention de Genève.

L'abbaye, point de mire de l'ennemi, n'est pas atteinte.

Aubervilliers et Crèvecœur, ainsi que la Courneuve, sont également écrasés sous les obus.

La nuit, départ de l'aérostat le *Torricelli*.

Le capitaine Lambert, notre explorateur au pôle nord, a été, dit-on, grièvement blessé à Buzenval.

On annonce la mort du commandant Sapia, frappé devant l'Hôtel-de-Ville.

Le bruit court du suicide de Gambetta et de la mort subite de l'empereur Guillaume.

Delescluze est arrêté.

On parle vaguement d'un armistice. Des parlementaires auraient déjà conféré ce matin au pont de Sèvres.

—

Mercredi 25

CENT-VINGT-NEUVIÈME JOURNÉE

Bombardement lent mais constant sur tous les points.

L'ennemi découvre de nouvelles batteries au viaduc de Fleury, à Villetaneuse et en avant de Longboyau, déplaçant les autres dès qu'elles sont battues par nos pièces.

Saint-Denis est écrasé de projectiles de 24, par sept batteries établies à Dugny, Stains, Pierrefitte, la Butte-Pinson, Enghien et au Moulin d'Argenteuil.

Au fort de la Briche où tombent 500 obus, le lieutenant Eugène Villemeu est grièvement blessé, en pointant une pièce d'artillerie.

Le fort de Rosny reçoit 45 obus.

Deux incendies sont causés par le bombardement, au 8e secteur et à St-Denis.

Le moulin Veyrasset est en cendres et St-Cloud brûle depuis hier.

Au reste, à quelque point de l'enceinte qu'on soit, au Sud ou au Nord, à l'Est ou à l'Ouest, les obus arrivent à peu près régulièrement par trois à la minute, fouettant l'air que les éclats font *jurer*, selon la très pittoresque et juste expression de nos marins.

Tout ce fracas ne fait que 32 blessés hors les murs et 3 victimes dans la ville : 1 femme tuée ; 1 femme et 1 homme blessés.

Au *Journal officiel*, reproduction des nouvelles du *Journal Officiel prussien* des 16, 17, 18, 19, 21 et 23 janvier, qui se résument ainsi : Nos armées de province sont partout battues et pourchassées ; au Mans, à Laval, au camp de Conlie, à Beaumont-les-Vaiges, Alençon et Chaumont, par le général de Werder ; à Morac et Langres, par le major de Koppen ; à Saint-Quentin, par le général de Gœben.

On nous aurait fait plus de 30,000 prisonniers ; nous aurions perdu deux drapeaux et dix-neuf pièces de canon et plus de mille voitures chargées d'armes et de munitions diverses.

Selon les mêmes nouvelles, la journée du 19 n'aurait coûté que 400 hommes à l'ennemi qui nous aurait fait 500 prisonniers.

On continue à parler d'un armistice qui serait conclu

par l'entremise de lord Lyons et dont on va même jusqu'à donner les conditions.

Devant le bombardement, le manque de tout, même de pain et, surtout, la déroute de nos armées de province, les uns sont favorables à une entente. Les autres opposent à tous les raisonnements l'héroïsme quand même du désespoir.

M. Lockroy, le comédien et l'auteur dramatique bien connu, est blessé à la Varenne Saint-Hilaire, aux côtés de son fils, commandant le 22e de marche.

Enterrement du docteur Coindé, âgé de 42 ans, atteint par une balle perdue dans son appartement, avenue Victoria, le 21 courant.

Le directeur de Mazas est écroué au Dépôt.

Le capitaine de vaisseau Thomasset, marin expérimenté chargé du rapatriement de l'armée du Mexique et, depuis l'investissement, commandant la flotille de la Seine, est nommé contre-amiral.

Le corps d'Henri Regnault, retrouvé dans le parc de Buzenval, est ramené à Paris. A demain les funérailles.

—

Jeudi 26

CENT-TRENTIÈME JOURNÉE

Froid rigoureux. Brume épaisse.

Attaque et défense se taisent, mais le bombardement continue, régulier, implacable, particulièrement contre les forts du Nord et Saint-Denis et les faubourgs de la rive gauche où il fait 13 victimes : 1 enfant, 1 femme et 2 hommes tués ; 3 enfants, 2 femmes et 4 hommes blessés.

Deux obus tombent sur l'église Saint-Sulpice ; le quartier Saint-Thomas-d'Aquin est très éprouvé.

Le mot armistice est sur toutes les lèvres.

Agitation consternée. Partout des groupes dont la discussion passionnée se résume en cette idée : « Que n'avons-nous un homme ! Si nous avions un homme ! »

Chanzy, Faidherbe et Bourbaki sont vaincus et Paris agonise !

La ville, anxieuse, anéantie, est morne, lugubre, sinistre. Toute illusion s'est évanouie. Espoir est mort !

Jules Favre, parti à 2 heures au quartier général prussien pour y traiter des conditions de l'armistice, rentre à Paris vers 8 heures.

A 9 heures, le Gouvernement se réunit au ministère de l'Intérieur.

Mille bruits se répandent. Chacun donne une version de l'entrevue de notre ministre avec Bismarck et Guillaume.

Avant de rien savoir, déjà on parle de ravitaillement.

Des ingénieurs et des inspecteurs du télégraphe partent pour préparer le rétablissement des voies ferrées.

Comme par magie, aux vitrines de MM. les épiciers, irruption de denrées alimentaires de toute nature, comestibles, conserves, fromages, fruits, voire même lapins vivants à des prix relativement modérés. Oh ! le patriotisme des commerçants !

—

Vendredi 27

CENT-TRENTE-ET-UNIÈME JOURNÉE

Le *Journal officiel* publie la Note suivante :

« Tant que le Gouvernement a pu compter sur l'arrivée d'une armée de secours, il était de son devoir de ne rien négliger pour prolonger la défense de Paris.

» En ce moment, quoique nos armées soient encore debout, les chances de la guerre les ont refoulées, l'une sous les murs de Lille, l'autre au delà de Laval, la troisième opère sur les frontières de l'Est.

» Nous avons dès lors perdu tout espoir qu'elles puissent se rapprocher de nous, et l'état de nos subsistances ne nous permet plus d'attendre.

» Dans cette situation, le Gouvernement avait le devoir absolu de négocier. Les négociations ont lieu en ce moment. Tout le monde comprendra que nous ne pouvons en indiquer les détails sans de graves inconvénients.

» Nous espérons pouvoir les publier demain. Nous pouvons cependant dire dès aujourd'hui que le principe de la souveraineté nationale sera sauvegardé par la réunion immédiate d'une Assemblée; que l'armistice a pour but la réunion de cette assemblée; que, pendant cet armistice, l'armée allemande occupera les forts, mais n'entrera pas dans l'enceinte de Paris: que nous conserverons notre garde nationale intacte et une division de l'armée, et qu'aucun de nos soldats ne sera emmené hors du territoire. »

A minuit, suspension d'armes.

Nos forts et les batteries ennemies ont fait silence.

Le bombardement a cessé.

A l'intérieur de la ville, dans les rues et dans les maisons de Paris, du 5 au 28 janvier, les obus ont fait en tout 401 victimes : 71 enfants ; 114 femmes ; 216 hommes atteints ;

	TUÉS	BLESSES
Enfants	33	38
Femmes	24	90
Hommes	54	162
Totaux	111	290

Le matin, Jules Favre part pour Versailles, accompagné de M. de Valdan, chef d'État-major général. |

Tout est fini. Dans Paris, désarmé par la faim, tout est silence et deuil.

Des larmes sont dans toutes les voix. Nulle part, aucun désordre.

Sur tous les points, grand mouvement des troupes qui rentrent dans Paris avec armes et bagages. A toutes les barrières, sur toutes nos grandes artères, du matin au soir, défilé de mobiles, de gardes nationaux, de soldats de ligne, de corps francs, de marins, de cavalerie et d'artillerie, mais comment montée et comment attelée, hélas !

Partout, interminables convois des pittoresques charriots venus de toutes les provinces, chargés de projectiles.

A l'Hôtel-de-Ville, gardé par les mobiles et le 126e de ligne, dans la journée, les 175e et 145e bataillons de garde nationale viennent protester contre la capitulation, réclamant la guerre à outrance. Les 107ᵉ et 123ᵉ bataillons campent rue d'Allemagne, résolus à sortir quand même dès l'ouverture des portes.

Départ de l'aérostat le *Richard Wallace*.

La nouvelle nous arrive de l'achèvement du percement du tunnel du Mont-Cenis.

———

Samedi 28

CENT-TRENTE-DEUXIÈME JOURNÉE

Temps froid, ciel sombre.

Soixantième et dernier ballon lancé par la ville assiégée. Et cet aérostat s'appelle... *Général Cambronne !*

A l'*Officiel* et placardée sur tous les murs de la capitale, on lit la proclamation suivante :

Citoyens,

La convention qui met fin à la résistance de Paris n'est pas encore signée, mais ce n'est qu'un retard de quelques heures.

Les bases en demeurent fixées telles que nous les avons annoncées hier.

L'ennemi n'entrera pas dans l'enceinte de Paris ;

La garde nationale conservera son organisation et ses armes ;

Une division de 12,000 hommes demeure intacte ;

quant aux autres troupes, elles resteront dans Paris, au milieu de nous, au lieu d'être, comme on l'avait d'abord proposé, cantonnées dans la banlieue. Les officiers garderont leur épée.

Nous publierons les articles de la convention aussitôt que les signatures auront été échangées et nous ferons en même temps connaître l'état exact de nos subsistances.

Paris veut être sûr que la résistance a duré jusqu'aux dernières limites du possible. Les chiffres que nous donnerons en seront la preuve irréfragable, et nous mettrons qui que ce soit au défi de les contester.

Nous montrerons qu'il nous reste tout juste assez de pain pour attendre le ravitaillement et que nous ne pouvions prolonger la lutte sans condamner à une mort certaine deux millions d'hommes, de femmes et d'enfants.

Le siège de Paris a duré quatre mois et douze jours : le bombardement, un mois entier. Depuis le 15 janvier, la ration du pain est réduite à 300 grammes; la ration de viande de cheval, depuis le 10 décembre, n'est que de 30 grammes. La mortalité a plus que triplé. Au milieu de tant de désastres, il n'y a pas eu un seul jour de découragement.

L'ennemi est le premier à rendre hommage à l'énergie morale et au courage dont la population parisienne tout entière vient de donner l'exemple. Paris a beaucoup souffert; mais la République profitera de ses longues souffrances, si noblement supportées. Nous sortons de la lutte qui finit, retrempés pour la lutte à venir. Nous en sortons avec tout notre honneur, avec toutes nos espérances, malgré les douleurs de l'heure présente ; plus que jamais nous avons foi dans les destinées de la patrie.

Paris, le 28 janvier 1871.

Les membres du Gouvernement :

Général Trochu, Jules Favre, Emmanuel Arago, Jules Ferry, Garnier-Pagès, Eugène Pelletan, Ernest Picard, Jules Simon ; — Le Flô, ministre de la guerre ; — Dorian, ministre des travaux publics ; — Magnin, ministre de l'agriculture et du commerce.

Pour cette dix-neuvième semaine du siège, la mortalité s'élève, en effet, au chiffre énorme de 4,376.

Ordre du jour du général Clément Thomas sur l'inhumation au Père-Lachaise des Gardes nationaux tombés à Buzenval. Jamais cérémonie ne fut plus émouvante que celle-là, ayant lieu en pareil jour.

Gustave Lambert meurt à l'ambulance du Grand-Hôtel.

Nos troupes continuent de rentrer en ville.

Des délégués du Gouvernement quittent Paris, chargés de pourvoir au ravitaillement immédiat. Les lignes du Nord et d'Orléans sont seules en état de servir sur-le-champ au transport des vivres.

Les cours de toutes les denrées restant encore à Paris commencent à subir une baisse qui ira s'accentuant jusqu'au jour du ravitaillement.

Les pommes de terre descendent à 12 fr. le boisseau, le beurre salé ne vaut plus que 12 fr. la livre ; mais le beurre frais reste à 25 fr ; le fromage de gruyère à 18 fr.

Un poulet se paye 25 à 30 fr. au lieu de 60 à 70 fr. ; un lapin, 25 au lieu de 50 fr.

Les œufs se tiennent toujours à 1 fr. 50 et 2 fr.

SEMAINE FINANCIÈRE

Bourse, 3 0/0, 52 50 ; 4 1/2, 77 75. — Emprunt, 58 80. — Orléans, 840 — Lyon, 763. — Midi, 590. — Nord, 952 50. — Ouest, 500. — Suez, 227.

—

Dimanche 29

CENT-TRENTE-TROISIÈME JOURNÉE

Hier à 8 heures du soir, a été signée par M. de Bismarck et M. Jules Favre la Convention de Paris mettant fin à la lutte.

On lit dans le *Journal officiel* :

« C'est le cœur brisé de douleur que nous déposons les armes. Ni les souffrances, ni la mort dans le combat n'auraient pu contraindre Paris à ce cruel sacrifice. Il ne cède qu'à la faim.

» Il s'arrête quand il n'a plus de pain. Dans cette cruelle situation, le Gouvernement a fait tous ses efforts pour adoucir l'amertume d'un sacrifice imposé par la nécessité. Depuis lundi soir, il négocie ; ce soir a été signé un traité qui garantit à la garde nationale toute entière son organisation et ses armes ; l'armée, déclarée prisonnière de guerre, ne quittera pas Paris. Les officiers garderont leur épée. Une Assemblée nationale est convoquée. La France est malheureuse, mais elle n'est pas abattue. Elle a fait son devoir ; elle reste maîtresse d'elle-même.

Suit le texte des 15 articles de la Convention, dont voici une brève analyse.

CONVENTION DE PARIS

1. — L'armistice, de vingt et un jours, date d'aujourd'hui, 19 février midi ; jusque-là les armées belligérantes conserveront leurs positions respectives.

2. — Le Gouvernement peut convoquer une Assemblée librement élue, devant se réunir à Bordeaux et décider de la continuation de la guerre ou des conditions de la paix.

3. — Remise immédiate des forts de Paris et de leur matériel de guerre à l'ennemi.

4. — Pendant la durée de l'armistice, l'armée allemande n'entrera pas dans Paris.

5. — Désarmement de l'enceinte.

6. — Sauf une division de douze mille hommes, les garnisons des forts, prisonnières de guerre, internées dans Paris, devront se constituer si la paix n'est pas signée. Les officiers prisonniers conserveront leurs armes.

7. — La garde nationale et les troupes municipales conserveront leur organisation et leurs armes.

Tous les corps francs seront dissous.

8. — L'Allemagne assure la protection du ravitaillement.

9. — Les provisions de ce ravitaillement ne pourront être puisées dans le terrain occupé par les troupes allemandes.

10. — Nul ne pourra quitter Paris sans un permis.

11. — Avant le quinzième jour de l'armistice, Paris

devra payer deux cents millions à titre de contribution municipale de guerre.

12. — Rien ne sera distrait des valeurs publiques.

13. — Aucunes armes, munitions ou matières servant à leur fabrication n'entreront dans Paris.

14. — Echange des prisonniers de guerre.

15. — Organisation d'un service postal pour les lettres non cachetées par l'intermédiaire du quartier général de Versailles.

———

Les élections de l'Assemblée nationale auront lieu dimanche prochain, 5 février.

Le premier convoi de vivres attendu arrivera d'Allemagne, apportant 1,500 bœufs, 1,000 veaux, des poulets et quantité de farine.

Les communications postales seront rétablies demain.

Le capitaine de frégate Larret Amalgini, commandant en second le fort de Montrouge, se fait sauter la cervelle pour ne pas voir son fort occupé par l'ennemi.

———

La Bourse de lundi 30, présente les chiffres suivants : 3 o/o, 51 90. — Emprunt 1870, 53. — Ville de Paris, 1869, t. payé, 287. — Comptoir d'escompte, 552 50. — Crédit foncier, 945. — Société générale, 490. — Nord, 955. — Lyon, 832 50. — Orléans, 830. — Midi, 580. — Ouest, 530. — Est, 435. — Gaz, 795.

Ainsi finit la tragique aventure.

III

APRÈS

—

1871

Janvier

Le 29, en raison de l'article 7 de la Convention de Paris, décret licenciant et désarmant tous les corps francs.

Le 30, mise à l'ordre du jour des officiers, sous-officiers et soldats s'étant distingués dans la journée du 19 janvier.

Le 31, à 7 heures du matin, obsèques du jeune Séveste, mort des suites de l'amputation.

On travaille activement au rétablissement des lignes de chemin de fer.

Février

Le 2, les élections fixées, le 28 janvier, au 5 février pour Paris, sont renvoyées au 8.

Le 3, décret licenciant les régiments de la garde nationale mobilisée dits *Régiments de Paris*.

Le 3, à 3 heures, un premier train de farines, venant de Rennes, arrive à la gare St-Lazare.

Un train de la ligne d'Orléans amène 248 bœufs.

Au reste, pour le seul ravitaillement de la capitale, les trois compagnies du Nord, de l'Ouest et d'Orléans ne transportent pas moins de 50 408 wagons, de Février à Mars.

Le 4, deux proclamations sont adressées par le Gouvernement aux citoyens français sur les nécessités fatales qui ont déterminé la reddition de Paris, sur les raisons de la Convention du 28 janvier et sur les conditions du traité à signer sur les bases ultérieurement débattues et acceptées par l'Assemblée nationale de Bordeaux.

Le 4, une note parue à *l'Officiel* apprend à Paris que, le 19 janvier, le général Faidherbe a été battu à Saint-Quentin et que le général Bourbaki, écrasé sous le nombre à Héricourt par les corps d'armée de Werder et Menteuffel, s'est suicidé après s'être jeté en Suisse avec son armée.

Le 5, le Gouvernement annule le décret de Bordeaux sur les incompatibilités.

Le 6, Gambetta donne sa démission de membre du Gouvernement « dont il ne partage ni les idées ni les espérances. »

Le 7, Thiers part de Paris pour Bordeaux avec les membres délégués par l'assemblée nationale pour assister les négociateurs.

Le mercredi 8, Paris nomme 43 représentants:

Louis Blanc. — Victor Hugo. — Gambetta. — Gari-

baldi. — Edgard Quinet. — Rochefort. — Saisset. —
Delescluze. — Joigneaux. — Schœlcher. — Félix Pyat.
— Henri Martin. — Pothuau. — Gambon. — Lockroy.
— Dorian. — Ranc. — Malon. — Brisson. — Thiers. —
Sauvage. — Martin Bernard. — Marc Dufraisse. —
— Greppo.— Colonel Langlois. — Général Frébault.—
Clémenceau. — Vacherot. — Floquet. — Jean Brunet.
— Cournet. — Tolain. — Littré. — Jules Favre. —
Arnaud (de l'Ariège). — Léon Say. — Ledru-Rollin.
— Tirard. — Razoua. — Edmond Adam. — Millière.
Peyrat. — Farcy.

Le 13, à Bordeaux, sous la présidence de M. Benoist
d'Azy, député de l'Ariège, Jules Favre dépose à l'Assemblée les pouvoirs du Gouvernement de la Défense
nationale.

Le 14 au soir, n'ayant consenti à capituler que sur
l'ordre exprès du Gouvernement français, le colonel
Denfert sort de Belfort, emmenant son matériel et tout
son corps d'armée organisé et approvisionné de façon
complète, conservant le pouvoir et le droit absolu de
recommencer la lutte en rase campagne, si l'armistice
venait à être dénoncé après sa sortie de la ville.

En résistant héroïquement pendant six mois à plus
de 80.000 Prussiens, dont plus de 20.000 ont été mis
hors de combat, quelques milliers de mobiles ont sauvé
Belfort à la France, malgré les furieux efforts du général allemand de Treskow.

Le 15, signature, par Jules Favre et Bismarck, des
articles additionnels à la Convention du 28 janvier
concernant Belfort, la ligne de démarcation de l'occu-

pation allemande, la forteresse de Besançon et la place forte d'Auxonne.

Le 16, l'armistice du 28 janvier, qui devait expirer le 19 février à midi, est prorogé au 24 avec faculté de renouvellement si les circonstances l'exigent.

Le 17, décret de l'Assemblée nationale nommant Thiers chef du pouvoir exécutif de la République française.

Thiers compose le ministère suivant :

Justice. — Dufaure.
Affaires étrangères. — Jules Favre.
Instruction publique. — Jules Simon.
Intérieur. — E. Picard.
Travaux publics. — De Larcy.
Agriculture et Commerce. — Lambrecht.
Guerre. — Général Le Flô.
Marine. — Amiral Pothuau.
Finances. — Pouyer-Quertier.

Le 17, Jules Grévy est élu président de l'Assemblée nationale par 519 voix sur 536.

Le 26, signature par MM. de Bismarck, Thiers, Jules Favre, de Bray-Steinburg, de Wæchter, Mittnach et Jolly du traité des préliminaires de paix.

Ces préliminaires, en dix articles, traitent de la cession de l'Alsace et de la Lorraine ; du paiement, *à l'Empereur d'Allemagne,* de cinq milliards, un milliard au moins dans le courant de 1871, les quatre autres en trois ans et portant intérêt a cinq pour cent ; de l'évacuation graduelle des départements envahis en commençant par les plus rapprochés de Paris et en continuant

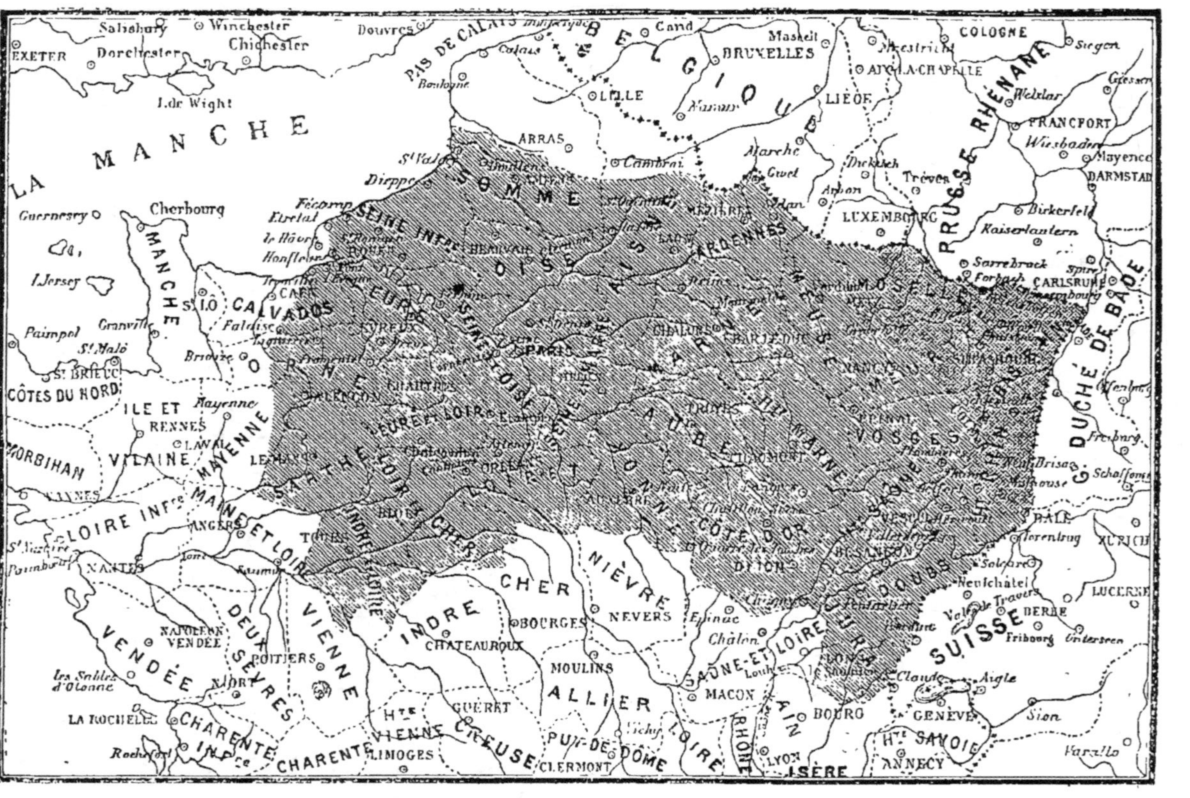

LA MANCHE
MANCHE
CÔTES DU NORD
MORBIHAN
LOIRE INF.re
VENDÉE
DEUX SÈVRES
VIENNE
CHARENTE INF.re
CHARENTE
CREUSE
H.te VIENNE
INDRE
CHER
ALLIER
PUY-DE-DÔME
NIÈVRE
LOIRE
RHÔNE
AIN
SAÔNE-ET-LOIRE
CÔTE D'OR
YONNE
LOIRET
EURE-ET-LOIR
SARTHE
MAYENNE
ILE ET VILAINE
CALVADOS
SEINE INF.re
SOMME
OISE
SEINE-ET-OISE
SEINE-ET-MARNE
AUBE
H.te MARNE
VOSGES
MEUSE
MEURTHE
MOSELLE
ARDENNES
AISNE
JURA
DOUBS
H.te SAVOIE
ISÈRE
BELGIQUE
PRUSSE RHÉNANE
DUCHÉ DE BADE
SUISSE
LUXEMBOURG
COLOGNE
FRANCFORT
BRUXELLES
LILLE
ARRAS
PARIS
ORLÉANS
TOURS
POITIERS
LIMOGES
NEVERS
BOURGES
CHÂTEAUROUX
GUÉRET
MOULINS
CLERMONT
LYON
MÂCON
CHALON
DIJON
BOURG
GENÈVE
ANNECY
NANTES
RENNES
LAVAL
LE MANS
ANGERS
CHERBOURG
EXETER
WINCHESTER
CHICHESTER
DORCHESTER
SALISBURY
I. de Wight
Guernsey
Jersey
DÉPARTEMENTS ENVAHIS EN 1870-71

au fur et à mesure des versements de la contribution de guerre; de l'alimentation des troupes d'occupation mise à la charge de la France ; des intérêts des habitants des territoires cédés ; de la mise en liberté des derniers prisonniers et arrêtant que les négociations pour le traité de paix définitif à conclure auront lieu à Bruxelles,

Le 27, appel du Gouvernement à la patriotique sagesse des citoyens de Paris, les exhortant à supporter avec calme l'entrée dans leurs murs de 3o.ooo Allemands qui y seront d'ailleurs étroitement parqués.

Mars

Le mercredi 1er, à 10 heures du matin, vainqueurs honteux et peu rassurés, l'Empereur d'Allemagne et M. de Bismarck, escortés d'officiers d'Etat-Major, entrent dans Paris par la porte de Neuilly et descendent les Champs-Elysées, précédant 3o.ooo Bavarois salués par les huées de la marmaille de Paris, massée sous l'Arc de Triomphe.

L'armée allemande occupe l'espace compris entre la Seine et la rue du faubourg Saint-Honoré, à partir de la place de la Concorde jusqu'aux Ternes (*Voir page 39*).

L'évacuation de la capitale aura lieu immédiatement après la ratification des préliminaires par l'Assemblée nationale.

Paris se fait ville morte.

Personne dans les rues. Partout, jusques en les quartiers les plus reculés, toutes les boutiques sont closes.

La Bourse demeure fermée.

Le 2, Paris apprend que, la veille, à Bordeaux, l'Assemblée a ratifié les préliminaires de paix par 546 voix contre 107.

Le 3, de 8 heures à 11 heures du matin, les Allemands évacuent Paris.

Le 13, Jules Favre dépose à l'Assemblée le traité définitif de paix conclu le 10 à Francfort entre la France et l'Allemagne et signé par lui et Bismarck et par Pouyer-Quertier, d'Arnim et C. de Goulard.

Voici l'analyse de ce document :

1 — Belfort reste à la France — Délimitations de la nouvelle frontière.

2 — Du droit d'option dont le dernier délai est fixé au 1er octobre 1872.

3 — Les archives des pays conquis seront remises au gouvernement allemand.

4 — Diverses sommes provenant de différentes impositions lui seront également remises.

5 — De la navigation limitrophe.

6 — Des circonscriptions diocésaines.

7 — Cinq cents millions seront payés à l'Allemagne *trente jours après le rétablissement de l'autorité du Gouvernement français dans la ville de Paris.*

Un milliard dans le courant de l'année 1871.

Un demi-milliard au 1er mars 1872.

Les trois derniers milliards resteront payables au 2 mars 1874.

Les intérêts de ces trois milliards, à 5 pour cent, courront à dater du 2 mars 1871.

Au premier demi-milliard payé, la Somme, l'Eure et la Seine-Inférieure seront évacués.

L'évacuation de l'Oise, de Seine-et-Oise, de Seine et

Marne, de la Seine et des forts du nord de Paris aura lieu *aussitôt que le Gouvernement allemand jugera le rétablissement de l'ordre, tant en France que dans Paris, suffisant pour l'exécution des engagements* contractés par la France.

8 — De l'alimentation des troupes d'occupation.

Ces troupes, entretenues aux frais de la France, leur solde devra être payée d'avance, le 20 de chaque mois.

9 — Des produits de l'industrie alsacienne.

10 — Des prisonniers de guerre.

11 — Des traités de commerce, les deux gouvernements prenant pour base de leurs relations commerciales « le « régime du traitement réciproque sur le pied de la nation « la plus favorisée ».

12 — Des droits en France des Allemands expulsés de France, et réciproquement, des Français qui s'établiraient en Allemagne.

13 — De la marine allemande. Du conseil des prises.

14 — De la canalisation de la Moselle.

15 — Des intérêts des nationaux empêchés.

16 — Les deux gouvernements, français et allemand, s'engagent réciproquement à faire respecter et entretenir les tombeaux des soldats ensevelis sur leurs territoires respectifs.

17 — Le règlement des points accessoires aura lieu ultérieurement à Francfort.

18 — Les ratifications du présent traité seront échangées à Francfort, dans dix jours, s'il se peut.

Suivent trois articles additionnels.

Les articles 1 et 2 traitent du droit de la France au rachat de la concession du chemin de fer de l'Est moyennant trois cent vingt-cinq millions à défalquer sur l'indemnité de guerre.

Cette ligne perd 830 kilomètres de ses lignes sur le territoire annexé, plus 250 kilomètres des lignes du Luxembourg dont elle avait l'exploitation. — Cependant, chaque jour, elle rapatrie gratuitement nombre de prisonniers français et d'émigrants alsaciens ruinés.

Le 3e traite d'une augmentation du territoire de Belfort.

Le 30, l'Assemblée nationale ratifie ce traité.

1872

Janvier

Le 3, mise en circulation des petites Coupures de la banque de 5 et 10 francs.

Le 9, reprise normale des relations diplomatiques entre la France et la Prusse. M. d'Arnim présente à M. Thiers ses lettres de créance.

Le 16, à Notre-Dame, cérémonie funèbre en l'honneur des soldats morts sous Paris pour la défense de la Patrie.

Dans la courant d'avril, Victor Hugo publie *l'Année terrible.*

Mai

Le 1er, dans les lycées, on commence à donner l'instruction militaire.

Juin

Le 29, négociations tendant à anticiper l'évacuation du territoire, d'abord fixée au 2 mars 1874, date d'acquittement des trois derniers milliards.

Juillet

Le 15, la Chambre vote un emprunt de 3 milliards proposé le 1er du mois.

Le 27, cet emprunt est couvert 41 fois.

Septembre

Le 25, l'armée prussienne exécute ses grandes manœuvres annuelles dans les plaines de Châlons.

Le 30, date qui marquait le dernier délai pour l'option des Alsaciens-Lorrains, est reculée d'un an.

Octobre

Le 15, l'armée prussienne évacue St-Dizier (Haute-Marne).

Le mouvement ne sera continué que le 4 novembre.

Novembre

Le 4, évacuation de la Marne et de la Haute-Marne commencée par Reims, libre enfin après vingt-six mois d'occupation.

———

1873

Janvier

Le 9, Napoléon III meurt à Chislehurst.

Mars

Le 16, le bruit se répand à Paris que, grâce aux incessants efforts de Thiers, la France sera bientôt délivrée.

Le 15, à Berlin, signature d'un nouveau traité assujetissant l'évacuation au paiement du dernier milliard qui s'effectuera par quarts les 5 juin, 5 juillet, 5 août et 5 septembre.

Le 17, l'Assemblée nationale déclare que M. Thiers, Président de la République, a bien mérité de la patrie.

Mai

Le 24, Thiers est renversé par une majorité de 14 voix sur 700 votants, tandis qu'une majorité de 390 voix sur 391 votants lui donne Mac-Mahon pour successeur à la Présidence de la République.

Juillet

Le 5, l'évacuation définitive commence pour se terminer le 16 septembre, jour où le dernier soldat prussien franchit la nouvelle frontière de France, près d'Amanvillers et de Gravelotte.

Le 3o septembre, dernier délai pour l'option des Alsaciens-Lorrains.

Et maintenant, sur la place de la Concorde, uni dans une même pensée devant la statue de Strasbourg voilée de deuil, un peuple, meurtri mais non point abattu, songeant à ce que son avenir exige de son passé, de toute l'ardeur de son espoir, de toute la constance de sa foi, honneur sauf, crèpe au drapeau, peut regarder demain !

FIN

HAVRE. — IMPRIMERIE DU COMMERCE, 3, RUE DE LA BOURSE.

TABLE DES NOMS CITÉS

C

H

I

TABLE

I

AVANT

II

LE SIÈGE

III

APRÈS

HAVRE. — IMPRIMERIE DU COMMERCE

3, Rue de la Bourse, 3